浩睿 小岛 著

· 北京

· 上海

· 纽约

· 伦敦

· 巴黎

· 东京

· 香港

· 曼谷

· 南京

· 成都

· 厦门

· 哥本哈根

· 伊斯坦布尔

· 罗马

· 布拉格

· 仰光

三天两夜指南

U0517977

中信出版集团 | 北京

图书在版编目（CIP）数据

三天两夜指南 / 浩睿，小岛著 . -- 北京：中信出
版社，2019.4
　　ISBN 978-7-5086-9368-2

I. ①三… II. ①浩… ②小… III. ①旅游指南－世
界 IV . ① K919

中国版本图书馆 CIP 数据核字 (2018) 第 187737 号

三天两夜指南

著　者者：浩 睿 小 岛
出版发行：中信出版集团股份有限公司
　　　　　（北京市朝阳区惠新东街甲 4 号富盛大厦 2 座　邮编　100029）
承 印 者：鸿博昊天科技有限公司

开　　本：787mm×1092mm 1/16　　印　张：17.25　　字　数：300 千字
版　　次：2019 年 4 月第 1 版　　印　次：2019 年 4 月第 1 次印刷
广告经营许可证：京朝工商广字第 8087 号
书　　号：ISBN 978-7-5086-9368-2
定　　价：78.00 元

出品：北京三天两夜科技有限公司
策划：何浩睿、张通人（小岛）
主编：何浩睿
执行主编：张通人
助理编辑：马婷、高原、田梦
特约摄影师：Harry Zhang

艺术指导：文俊
装帧设计：1204 设计工作室（北京）
新媒体美术编辑：彭月晴
商务 & 合作：contact@32travel.cn

策划编辑：李静媛　　贾博涵
责任编辑：马春曦
营销编辑：罗文悦

三天两夜 指南

获取最新指南，尽在"三天两夜指南"
微信公众号（SantianliangyeTravel）
回复"私人定制"，获取作者微信号，
将免费获得一次旅行私人定制咨询。

三天两夜指南
三天两夜 |CITY 135| 特辑 | 探店
为短期停留的进阶旅行者提供地
道的旅行指南。

三天两夜的悉尼：
逃去南半球过个大写的冬天

悉尼歌剧院中的10个大贝壳并
不是现在流行的类似鸟巢的钢
结构或类似水立方的薄膜结构，
而是在现场浇制的水泥贝壳，
这在当时施工难度极大，甚至
需要开发新的建筑工艺，也难
怪当时的政府失去耐心，最后
设计师乌松绝望地离开澳大利
亚，直到剧院落成都没有再回
来。这座历时14年建成、最终
费用超预算1457%的歌剧院，
也永远成为不可替代的澳大利亚
标志，屹立在悉尼贝尼朗岬角。

浩睿：
面对动辄上百澳元的门票，参加
37澳元的后台体验团或许是最具
性价比的进入悉尼歌剧院的方式。

小岛：
乌松曾经说，每一个建筑学的大
奖，都是对他才华的褒奖，他以
此抵御设计时外界的非议。

没看过瘾？
微信扫描小程序码，
进入轻芒杂志，
阅读完整的"三天两夜的悉尼"，
了解浩睿、小岛对悉尼旅行的
更多看法。

图 / 文俊

推 荐

孙赛赛 | 前《悦游》杂志主编、资深生活旅行博主（赛 LaVie）

不同于其他的旅行指南，《三天两夜指南》更注重旅行中的体验与品质，以及当地文化给旅行带来的新感受。这是一本为热爱生活的旅行者打造的中高阶旅行指南，他们不仅讨论"去哪里""玩什么"这两个旅行中亘古不变的问题，更在这个过程中带我们发掘地道的美食、新奇的展览，获得独一无二的体验。

北石 | 著名旅行博主（北石同学）

一个目的地，到底值得花多长时间去了解？或许每一个旅行者都有不同的答案。而一份精致且地道的旅行指南，会让我们的每一分钟旅行体验时间用得精准且有价值。《三天两夜指南》为我们开启了一种模式，让我们在不错过经典景点的同时，找到当地人的玩法。这是一本指南，更是一种旅行生活方式。

小鹏 | 职业旅行家、旅行作家，《背包十年》《我们为什么旅行》作者

只要时间安排得好，三天两夜实在可以做太多事情。著名的博物馆、当地人的菜市场、年轻人的酒吧夜店，还有必须打卡的餐厅和酒店……光是这样一个清单，说不定能让你在旅行前就被自己带起节奏。

小小莎 | 著名旅行博主（小小莎老师）

这个世界玩法太多了！同样的城市，历史、文化、美食、时尚，每条路线都可以发现不一样的惊喜。《三天两夜指南》就是很清晰地告诉你这个城市精华的攻略书，在打卡景点之外，把附近一些我们不知道的地方分享出来。这本书里有很多我去过的城市，读完之后，我又在心里暗想，可以记下来留着下次再去……对，旅行博主出门也是需要攻略书的，而且得是有品位的那种。

孙晴悦 | 媒体人、原央视驻外记者（大大的世界和小小的人儿）

年轻的时候很难说清楚一座城市对一个人的改变，但在往后漫长的人生里，你的三观、思维方式、情感表达，甚至你会选择和什么样的伴侣共度一生，都浸润着这些城市的气息。《三天两夜指南》这本书里有几乎所有我喜欢的城市，有我热爱的剧院、痴迷的餐厅，或者是简简单单的一段路途，推荐给你们。

推荐序

万物
生长定律

by 郝 鑫

"星球好事者"创始人、
资深媒体人、旅行 KOL

之前朋友圈曾经转过一张图，用来展示每个人去过多少个地方，超越了百分之多少的参与者。我没有参与，因为好多地方我已记不得自己是否去过。有时我会觉得，世界上有多少人每天在记录着自己精致、完美的生活，就有多少人根本不在乎他们每天是怎么过的。

其实，旅行的意义就是只对自己有意义。

那么，你去过多少地方？爱过多少人？

在旅途中，住哪里重要吗？其实从日本的虹夕诺雅到纽约的红顶摩托旅馆，我都住过。我过去曾认为，如果这趟旅程以逛街、逛博物馆为主，白天都在外奔波，晚上回酒店就是短暂休整一下的话，住哪里便无所谓……可后来，当经济条件越来越好，尽管只是睡一觉，我还是想住好酒店。而好的酒店，就像旅途中的家。所以，家不重要吗？

那玩什么重要吗？玩，是人生很重要的事情，人生只活一场，当然要玩个尽兴。

那看什么重要吗？如果没有看过大英博物馆，我们可能无法切身感受，他们曾强取豪夺那么多文物。如果没有看过蓬皮杜，我们可能就不会发现五层的楼梯外有另一番风景。如果没有了解过村上隆的作品，那他和 LV 的合作款我们可能就只是跟风购买，对他的设计理念一无所知……俗话说得好，走过的路也是风景，我们观摩过、丈量过、体验过的每一个地方，都会变为别人无法偷走、无可替代的人生财富。

那吃什么重要吗？人这一辈子，有多少时间花在了为不知道吃什么而发愁上？

那和谁一起去重要吗？如果两个人没有一起旅行过，就像拼图缺少了重要的一块，你们可能对彼此的了解永远不完整。当然，大部分的旅行其实就是一个人的事，那么多独自上路的人，后来都发现了新的自我。

万物的生长、世界的变幻和人类的渺小，究竟是何种关系？在大自然面前，我们会感慨人类的可悲，整个世界和万物虽然都在与人共处，但其实他们都会抛下人类独自永存。

万物眼前过，知识留心底。三天两夜，人生一瞬。

图 / 文俊

三天两夜：指南

从心出发，
不问归期

by 浩睿

"三天两夜指南"创始人。

曾任马蜂窝攻略编辑、商业定制攻略编辑，负责目的地路书撰写编辑工作。《纽约时报》旗下的旅行杂志《新视线》编辑、《36 小时》中文版编辑、《时尚旅游》新媒体编辑，酒店、航空资深常旅客。

《三天两夜指南》就如同一个野蛮生长的孩子，始于新媒体，却比我们想象的走得更远。如今，禁锢在显示屏幕里的它，终于有了新的载体。在经历了大半年的筹备后，"三天两夜指南"这个年轻的旅行指南品牌终于有机会成为一本真正看得见摸得着的旅行指南。

我们一直在思考，能为读者提供什么样的旅行体验。多少个彻夜深谈的夜晚，我们一次又一次地修改指南的调性与标准。每一篇文章初稿落笔后，最艰难与痛苦的阶段才刚刚开始：对每一个景点的"质疑"与筛选，讨论每一张图片的视角与感觉，对行程可行性的调整与修改，我与小岛互为责编，相互挑刺，才有了现在大家看到的《三天两夜指南》。

究竟什么是"三天两夜指南"，或许我们也无法给它一个标准的定义，但是在茫茫人海中，一定有一群与我们志同道合的人，再繁忙的工作也无法阻挡他们对于旅行和生活的热爱；每一次出发，心中都有着属于自己的坚持与不妥协；相比那些热门景点，更愿意去探寻和体验城市中触碰灵魂的目的地。

希望有一天，《三天两夜指南》可以帮助每一个禁锢在城市里的不羁灵魂，逃离到心底最向往的地方。

很庆幸，在写下这句话时，我和小岛共同进入了各自人生中的新阶段，拥有更多的时间为每一位旅行者提供更好的旅行指南。对于我们而言，从媒体到自媒体，从编辑到作者，从主流旅行内容的生产机器到创造进阶旅行者想要的指南，每一次转变都是一次新的挑战，每一个角色都是一轮新的开始。

希望 24 岁的我，不负韶华，希望《三天两夜指南》，不问归期。

自 序

翻开这本书，
旅行才刚刚开始

by 小岛

"三天两夜指南"创始人。

英国谢菲尔德大学新闻系毕业，原《孤独星球》杂志新媒体编辑，也曾混迹于新浪网。乐旅行（LE Travel）市场经理，资深欧美目的地专家，几乎走遍整个欧洲。

这篇文章，是我在回北京的高铁上写下的。我翻着本书的 16 篇书稿，回想起这大半年写稿子的一点一滴，看到公众号的第一篇文章——《破壳快乐》时，颇有感慨又欢欣雀跃。那篇文章陈述了创立"三天两夜指南"的初衷和两位主创之间的故事。文章发表于 2017 年 12 月 1 日，这一年来，沧海桑田，但初心仍在。

这本书以文艺、设计、生活方式等为关键词，《三天两夜指南》将陪大家从北京出发，去南京鸡鸣寺看雪，去伦敦眼上拍全城的彩灯过圣诞，去上海迪士尼看烟火倒数跨年，在东京迎接今年一片樱花的烂漫。

在路上，重要的除了车窗外的风景，还有坐在旁边的 TA。我们带着爸爸妈妈一起去仰光拜佛塔，去秦淮河听评弹演奏，去伊斯坦布尔看蓝色清真寺……不管国内国外，这一次，我愿意带着他们看世界，像当年他们带着我蹒跚学步那样，带他们穿过高山大海。

现在我身旁坐着的，是正在低头玩手机的朋友。从学生时代开始，我们便一起去迪士尼乐园，去香港网红墙打卡拍照、扮鬼脸，去纽约布鲁克林的小酒馆看嬉皮士……勇敢的男孩女孩，在路上学会了包容与放下，学会了敢爱敢恨。

旅途中更多甜蜜的回忆，属于陪我一起看世界的伴侣。我们只拖着一个行李箱，穿着同色系的运动鞋上路。旅行是一个相互了解、加深感情的过程。我们在罗马的许愿池前许下爱情的誓言，在巴黎的爱墙前面合影留念，在布拉格的查理大桥来回走了九次，希望爱情天长地久……

或者有时候，我只拿着一本护照，就独自去了机场。我曾经一个人在哥本哈根的克利斯钦自由城和一群酷酷的外国人喝酒聊天；也曾经一个人在伦敦眼上看全城的夜景，感觉自己就站在世界中心。

2018 年夏天，我和浩睿又一次去了曼谷，那个"三天两夜指南"开始的地方。这里几乎具备"三天两夜指南"这个品牌的所有气质：大皇宫的华丽庄重，设计中心的干净与创新，夜晚酒吧的自由不羁，更有火车夜市的热情奔放……曼谷就是这样一个神奇的地方，它有太多面，无论你是传统还是热情，都能在这里找到属于自己的气质。

就像《三天两夜指南》一样，无论你是第几次出发，我们都能给你一个不一样的旅行指南。

翻开这本书，这一次三天两夜的旅行，才刚刚开始。

图 / 文俊

目录

三天两夜 指南

陪着爸妈
去旅行

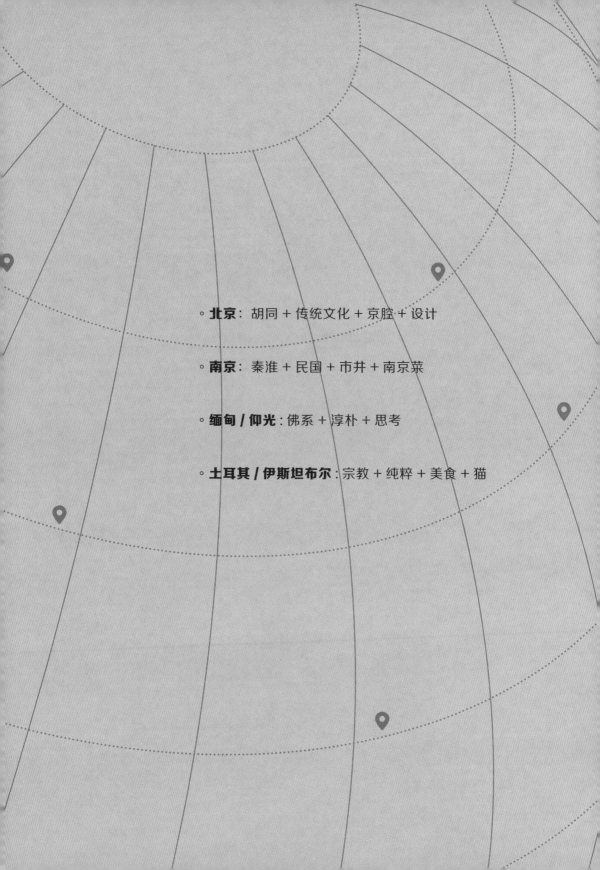

◦ **北京**：胡同＋传统文化＋京腔＋设计

◦ **南京**：秦淮＋民国＋市井＋南京菜

◦ **缅甸 / 仰光**：佛系＋淳朴＋思考

◦ **土耳其 / 伊斯坦布尔**：宗教＋纯粹＋美食＋猫

夜晚的 CBD，尽管从建成开始就饱受争议，但央视新
大楼仍旧可以称为北京新地标之一　图 / 郑大卫

三天两夜的北京

这是我们工作、生活、年轻过的地方

北京，有我们的工作，有永远拥挤的 1、4、5、13 号线，有国贸、中关村、望京通宵的灯光。北京也有我们的生活，有三里屯层出不穷的新咖啡馆，有红砖美术馆、时代美术馆里数不清的好展览……只有北京才能如此丰富，或者说多元，甚至是割裂。

胡同＋传统文化＋京腔＋设计

浩睿说：

2016 年底我回到了北京，和当年读国际高中时的感觉完全不一样。我变了很多，北京也变了很多。北京失去了脏街，我失去了可以一起在脏街喝酒喝到抱头痛哭的朋友。也正因如此，我告诉自己要去适应，因为这里是很多人工作、生活、年轻过的地方。

小岛说：

北京是我最难下笔的地方。我对北京的情感太过复杂，这里有儿时的记忆。我以前每个周末都会和妈妈去北京，去老胡同、游乐园玩耍，它也是我回国后最愿意生活的地方。尽管这里交通拥堵、房价昂贵……很多人会用"北漂"这个词来指代在北京生活的外地人，不过想想，既然我选择回国、回到了离家 200 公里之内的地方，北京，也是我另一个家。

FRIDAY
周五

周五 10:40
故宫：雕龙画凤，巍巍太和

我曾经问过北京"老炮儿"，哪里最能代表北京，他们说是故宫，故宫让北京变成了北平。如果你想避开拥挤的人潮，可以选择在闭馆前一小时进入，幸运的话，还能拍到空旷的太和殿和落日。现在故宫也学会了卖萌，除了全世界最可爱的皇帝的淘宝店，也有世界级别的展览合作——"朕甚是想你"。

🕐 周一—周日：08:30—17:30（4月—10月）
　　08:30—17:00（11月—3月）
📍 午门（故宫博物院南门），从天安门步行，经端门即可到达
💵 门票60元（4月—10月），门票40元（11月—3月）
📱 010—8500 7938

浩睿说：比起春日和夏日里的故宫，我更喜欢冬日的故宫。冬日的故宫多了一分萧瑟，也多了一分肃穆。最吸引我的，是下午4点半清场时，红日挂上房檐，乌鸦划过天空归巢，巍巍太和，让人满心震撼。

周五 14:15
杨梅竹斜街：青砖黑瓦中的新设计

距离前门大栅栏不远处的杨梅竹斜街，是北京旧城改造中的样本。这里足够有文化感，民国时期，这里就是中华书局、大众书局的大本营，现在的模范书局继承了这个传统，它收藏了徐志摩、鲁迅等人的初版书。除了传统，杨梅竹斜街的另一招牌是设计元素，不足500米的小街集中了"Ubi Gallery""药"等时尚商店和"吱音"等家居商店，不管是想淘小饰品还是寻找创意灵感，或者只是想体验一下老北京的生活，只要逛一条杨梅竹斜街就够了。

📍 北京西城区前门大栅栏杨梅竹斜街

小岛说：大栅栏周围聚集了很多独立书店，刘若英老公新开的春风习习杂志阅读馆，开业时就刷爆了文艺青年的朋友圈。这里是一个禁止带电脑入内的纯粹阅读空间。洒满阳光的午后，端一杯柠檬水，就是书香相伴的岁月静好。

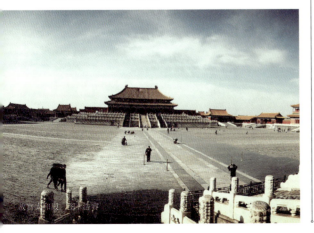

故宫太和殿 图/浩睿

故宫的冬，初雪时去拍角楼是许多北京摄影师
每年的保留曲目　图 /Lucas_GSH

周五 18:18

箭厂啤酒：最会做菜的酿酒师

虽然箭厂啤酒已不在箭厂胡同，但口碑并没有受到什么影响。这家位于亮马河旁的新店，是周围外交公寓中老外的至爱。步入餐吧，一层是自酿啤酒工厂，上到二楼便仿佛置身于布鲁克林的餐吧，东方面孔变成了少数，热烈活泼的气氛瞬间就能点燃周五的夜晚。除了几十种手工精酿啤酒之外，餐食更为这里锦上添花。在店员的推荐下，点一杯喜欢的啤酒，搭配刚出锅的薯条、口感丰富的三文鱼三明治和独具异域风情的手工香肠，每当这时，我都会感慨，这就是北京。

📍 朝阳区新东路 1 号 DRC 塔园外交公寓北侧亮马河
　　南路二层独栋
🕐 周一—周五：11:00—23:30
　　周六、周日：09:30—22:30
📞 010—8532 5335
💲 人均 112 元

浩睿说： 北京的老外有这样的鄙视链，使馆区的鄙视三里屯的，三里屯的鄙视 CBD 的，CBD 的鄙视五道口的，箭厂啤酒则是外交公寓里鄙视链顶端的老外所热爱的餐厅。

小岛说： 一直觉得，语言会带来一种天然的安全感。在一家几乎听不到中文的餐厅中吃 brunch（早午餐），你会有一种错觉，觉得周围人都听不懂你们在聊什么，或者说这个世界与你无关。

箭厂啤酒河边店　图／浩睿

央视新大楼，虽然在建成之初曾被人非议，现在却成为北京当之无愧的地标　图／Lucas_GSH

SATURDAY
周六

夜晚的 798，和白天熙熙攘攘的"旅游景区"相比，晚上这里才是像艺术"鬼城"一样神秘的地方　图 / 普凡

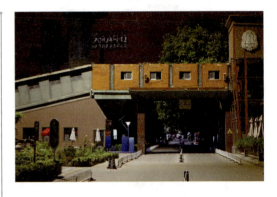

周六 10:37
松美术馆：199 棵青松与 1 个展览

机场附近的松美术馆近来是京城文艺圈的新宠。当代艺术家王中军在远离市区的格拉斯路，用 199 棵松树，营造了一个有中国元素、国际视角的艺术空间。之前开幕的特展展出了凡·高和毕加索的真迹，后面的展品，无论是传统的"松"主题的中国画，还是纷繁多样的当代艺术品，松美术馆都会给你一个机会，"复得返自然"。

📍 天竺镇楼台村南格拉斯路

🕐 周二—周日：10:00—17:00

☎ 010—8416 5822—888

小岛说：我对北京春日最美的记忆之一就是从松美术馆回家，驶过阳光满满的格拉斯路，偶然看见路边盛开了一大片二月兰。

松美术馆外景，纯白美术馆和其中 199 棵松树的设计深入人心
图 / 松美术馆

周六 12:15
Botanica：798 里的秘密花园

北京的推荐怎么能少了 798？尽管现在文艺青年、先锋艺术家认为 798 已经被游客攻占，画廊中展出的作品从阳春白雪变成了下里巴人，可 798 那些新开的餐厅和创意店用另一种方式装点着这个地方。

Botanica·植物园是珍爱时刻团队打造的美食、花艺空间。我最初是被它的英文名感动，the precious moment，花开一刻，当下即永恒，莫名觉得这个英文名可以表达更多深意。Botanica·植物园是欧美常见的室内热带花园模式，一层是南法风格的薰衣草花园，主打咖啡和简餐；二层的正餐区，在北京营造了一片热带雨林。有机食品，简单烘焙，珍爱时刻团队用最自然的方式，和美食和谐相处。

📍 酒仙桥路 4 号 751D·PARK 园区 A11 楼 (火车头广场)

☎ 010—5618 1908

🕐 周一—周日：12:00—20:30

💲 人均 288 元

小岛说：上一次来这家店是庆祝我 25 岁生日，最好的朋友在北京送给我一片纯粹的绿色空间。从进入杂志圈开始，我们经常深夜压马路，从 77 文创园走到三里屯，或者从亮马桥走到

望京。我们一起做过很多喜欢的项目，也曾因为某部电影而一起流泪，一起谈人生、谈理想，分享彼此 30 岁的心愿和关于大洋彼岸的梦想。有些感情可以跨越山和海，感谢有你。

言 YAN Coffee，右侧的墙壁上有市面上主流的各种设计杂志　图 / 言 YAN Coffee

周六 15:27
言 YAN Coffee：时间静止的地方

这是两位主创在北京生活的私家珍藏地——言 YAN Coffee，是一家安静的日系书店咖啡馆，从热闹的朝阳大悦城步行 5 分钟即至。书店主理人闫胜永曾经做过 8 年的图书编辑，主要从事国外艺术、设计类图书的版权引进工作。所以言 YAN Coffee 的气质也是绝对的冷静平和。店里 70% 以上都是外版进口的设计、艺术、旅行书籍和杂志，剩余 30% 是中信出版社的书和国内最突出的美学杂志。

言 YAN Coffee 是一个倡导慢阅读的地方，但是杂志都非常新，几乎追着国外的时间上架。这里也会不时举办读者见面会，有时能恰巧遇到藏在文字后面的大牛作者。

📍 朝阳区青年路润枫水尚 8 号楼 05 号底商
🕐 周一—周日：10:00—22:00

浩睿说： 几乎每个月，我们都会去言 YAN Coffee "进一次货"，这里的书籍、杂志可以说是质量和颜值的双保证了！

小岛说： 如果哪天下班早，我一定会顺路走进言 YAN Coffee，去看看 *Magazine B* 有没有新刊，或者看看有哪些新鲜的独立杂志出现，再和老板简单聊几句。即使我有再大的压力，在这个纯白的小店中，心也可以静下来。

周六 17:39
三源里菜市场：可以用英文买菜的潮市场

一片片城中村被改造、拆除，北京还有没有地道的菜市场？好在还有三源里菜市场。这个被使馆区包围的高端生鲜市场，保留着北京的市民文化，是很多外国人对北京的初步印象。进入其中，最直观的就是所有的产品都用中英双语标注，据说拥有南北方、国内外各种主要食材，甚至包括香料和十几种类型的芝士……对于游客来说，三源里一日游就是开启北京混合生活的最好方式。

📍 北京市东三环顺源里 2 号楼左侧
📱 010—6466 7257
🕐 周一—周日：09:00—19:00

周六 19:30
蜂巢剧场：歇斯底里的爱

周六晚上这里就是文艺北京的直播现场，北京有不少低调的常年小剧场，蜂巢剧场就有孟京辉的戏剧。无论是《恋爱的犀牛》，还是《一个陌生女人的来信》，演员们用声嘶力竭和爱恨交织的演绎方式塑造了两个小时唯美、夸张的世界，带你品尝爱情与生活的酸甜苦辣。当灯光亮起，你会更加感慨在这个快餐时代，真爱如此奢侈，所以更加值得珍惜。

📍 东直门外新中街 3 号东创电影院三层
📱 010—6552 4990

小岛说：在北京看剧，坦白说好不好看凭的都是运气，孟京辉、赖声川的话剧精彩，《雷雨》《茶馆》也精彩。如果你喜欢老北京调调，那就去北京人民艺术剧院排队看场《北京人》，得嘞，不虚此行！

我每次看话剧，都会想起曾经的男友，我们一起看电影、话剧、音乐会，在繁忙的北京，创造了一个安静空间。感谢他在我生命中雕刻的不可磨灭的记忆。

周六 22:20
簋街：消夜最后的红火记忆

周六晚上我们来簋街，不是为了去胡大排队吃小龙虾，而是为寻找北京消夜的江湖记忆。好多时候我们只是去那里走走，从西到东，不过 20 分钟，热闹的小龙虾、串串、烧烤，这条 24 小时永远亮着的街，是这个城市加班族的温暖记忆。

现在的北京美食绝对不只在簋街，小龙虾外卖可以随时送到家，但热闹气氛却越来越淡。三里屯的脏街因为旧城改造已经被拆除，可能簋街是北京留下的最后一处温暖的地方。即使通宵加班过后，也能在这里和朋友喝酒聊天、谈人生谈理想到天明。因为在北京的我们，正年轻。

浩睿说：其实，我都不记得我有多久没去簋街了，很多年前，北京还没有外卖、没有深夜食堂，这里曾经是许多人对于消夜的共同回忆，而这段回忆伴随着每个人继续生长，又或许已慢慢凋零，不变的是我们对于过去的怀念。

午门星轨 图 Lucas_GSH

SUNDAY
周日

周日 10:05
国子监 + 五道营：20 分钟与 800 年

这是北京一条很潮的胡同——五道营，独立设计店林立，夜晚的酒吧充满活力，白天的下午茶也优雅、精致。只隔着一条小街，就是国子监，元代时期建立，是每年举行祭孔大典的地方，也是古人教育、科考重于一切的象征。两条街内，传统与现代的冲撞如此巨大，这才是北京。

如果运气好，我们可以听到国子监的晨钟暮鼓。五道营胡同是女生周末闲逛的好地方，绝对满足吃货们的本性。这里有一些原创家居品牌设计店，梵几客厅、失物招领、好白商店等，听名字就知道店主的格调。这个被人戏称"高配版南锣鼓巷"的地方，也是北京胡同最鲜活、最时尚的印记。

浩睿说： 我读高中的时候，特别喜欢五道营一家叫作沉香的餐吧，店里放满了鲜花，点上一壶热茶，就可以写一下午作业。店里两只加菲猫，永远不情愿地陪伴在你的身边。自从它关门之后，我每次前往五道营似乎都有一种无家可归的失落。毕业回国后的五道营再也不是我曾经喜爱的居心地，变成带外地朋友了解北京的一个景点。个人认为，这条巷子对于想吃饭的人真的非常不友好，除了巷口填不饱肚子的京兆尹，就是里面半路出家的咖啡馆餐厅。我不知道多少次带着朋友从巷头走到巷尾，却挑不出一家想吃的餐厅。

小岛说： 前段时间带读书时候的男友逛北京，我们走在五道营的老巷子里，听着那吆喝的声音，看着他对一切都非常好奇的样子，我仿佛回到了学生时代。我曾经很向往单纯质朴的生活，向往柴米油盐的生活，直到后来一个人看遍世界，才发现世界如此之大。兜兜转转，感谢珍惜的人还在我身边。

周日 12:08
局气：纸鸢、兔爷，老北京的记忆

午餐肯定要寻找地道的北京菜，近来很多连锁餐饮品牌让商场里增加了地道北京味。比如局气，它的创意兼顾色与味，铁皮暖壶倒出来的小吊梨汤、做成兔爷形象的土豆泥、可以自己题字的老北京烤鸭，还有纸鸢外形的局气豆腐，俏皮又文艺。现在我们越来越追求外形与创意，却忘了小时候过年时才能买到的驴打滚，那才是记忆里童年的味道。

📍 北京市朝阳区七圣中路 12 号爱琴海公园购物中心 6 层（爱琴海店）

☎ 010—6808 5988

💲 人均 91 元

周日 14:16
飞鸟制茶：双子座的日本茶大师

飞鸟制茶是同名日本茶叶供应商在北京的日本茶文化交流中心，隐秘的店铺似乎是为了等待真正爱茶之人的到来。或许你对飞鸟制茶这个名字并不熟悉，但相信你一定不陌生客从何处来、青山研究所等京城内红得发紫的打卡圣地，而飞鸟制茶正是这些高品质店铺背后的日本茶叶供应商。

故宫 图/Harry Zhang

北京街头，蹭它喝可乐的小朋友
图/Harry Zhang

北京街道上遛狗的人　图/Harry Zhang

美式复古的店内设计，黄铜包面的侍茶吧台，似乎与想象中的日本茶馆大相径庭。在这里，用一杯咖啡的价钱就可以喝到优质上乘的日本手冲茶，专业的侍茶师为每一位客人用心制作每一杯茶品。而之所以说它是双子座，是因为每当夜幕时分，这里的茶具就会消失，严肃的侍茶师也会脱下白色的衬衫，拉开茶室里轻盈的白纱，摇身一变，茶室就变成了气氛轻松欢快的酒吧。这里供应酒类和特色的茶鸡尾酒。

📍 北京市朝阳区三里屯 3.3 大厦 6 层
🕐 12:00—23:00
💲 人均 70 元

浩睿说： 通常店铺在下午 4—5 点之前会变换场地，如果希望喝日本手冲茶的话别忘记赶早。

周日 16:30
VASE：新古典主义生活中转站
———

去年火遍网络的打印咖啡，现在来到了北京。在工体附近一间叫作 VASE 的秘密花园里，就藏着这样一家黑科技小店。挑选一张你最喜欢的照片，就可以将它印在你的咖啡拉花上。在这里你可以亲口将"自己"喝掉。

当然这并不只是一家咖啡馆，VASE 是一家集合了花艺、居家用品、甜品等多种元素的新古典主义生活方式的集合店。如果你是颜控，你更应该来这里坐坐。从店面的布置，到一只咖啡勺；从花材的种类与搭配，到每一款蜡烛、香氛的气味，这里处处都能体现出店主对于生活独到的见解。在一个充满阳光的下午，坐在落地窗边，与鲜花为伴，喝上一杯带着自己心情的打印咖啡。还能为你爱的人定制一束花束，或者跟随花艺师一起学习插花的美学之道。

📍 幸福一村 3 巷 2 号楼东门（世贸工三西门）
🕐 周一—周日：10:30—21:00
💲 人均 190 元

浩睿说： 这里诞生了"三天两夜指南"公众号的第一篇文章，而这里的人，对于我而言，也是曾经的回忆过往。如今，一切都还在，只是人不同往日，事不同往昔罢了。

周日 18:07
芳草地：以艺术的名义买买买
———

现在，逛商场究竟还是不是一种乐趣？那种选择单调、面目雷同的"××百货"当然不是，但是侨福芳草地是个例外。去芳草地之前，我会关心它有没有新的展览。正在廊桥上展出的当代艺术展，作品中的老照片忧郁、沉重，让人即使身处繁华的商城也会觉得时空凝住。

我会关心它有没有新品牌入驻，新餐厅开业。正在减肥的我看了甜品菜单，就马上决定再来一个下午茶，试一下新上的马卡龙。逛商场在此时更像是一种欣赏和体验。最后才会看看平时喜欢的几个品牌是否有新品上市。蓦然发现，在芳草地，买东西已经变成了最不重要的一件事。

📍 北京市朝阳区东大桥路 9 号
📱 010—5690 7000
💲 周一—周日：10:00—22:00

侨福芳草地，有常规的商场，也有三层和九层的艺术馆，还有高层的设计酒店，俨然是京城最酷的购物中心之一

住在北京

北京怡亨酒店

怡亨酒店是全球奢华精品酒店联盟（Small Luxury Hotels of the World ™）成员，就在前文提到的芳草地购物中心楼上，是一个以创意设计和艺术品收藏著称的酒店。简单来说，选择怡亨就是让自己住在博物馆中。且不说 100 间客房和套房每一间都"自有主题"，符合住客的需求，住在总统套房中还能伴着达利的真迹入梦。无论你喜欢哈利·波特的神奇魔法，还是喜欢白雪公主的纯真童话，抑或是小丑的华丽忧伤，今夜在怡亨，你可以扮演"任何角色"。

📍 北京市朝阳区东大桥 9 号
📱 010—8561 2888
💲 每晚约 2000 元

北京怡亨酒店的迈阿密主题套房，像这样的主题套房怡亨酒店共有 100 套

CHAO

在寸土寸金的三里屯西南角有一座始建于 20 世纪 90 年代的"古老"酒店。因为一项成功的改造计划，2016 年重新开业的北京 CHAO 酒店至今仍是北京最具有潮流与空间感的艺术区域，这在如战场般竞争激烈的京城酒店业中，可不是一件容易的事情。

CHAO 的设计灵感源自动物居住的巢，酒店中使用了多种材料构建出不同的层次与空间。一层颇具仪式感的长廊，以及二层令人惊艳的日光礼堂，都没有使用一盏吊灯，发光的墙面与自然光线结合得恰到好处。充满了后现代风的客房里，灰白色的线条搭配栗棕色的木质墙壁，简洁却处处充满了细节。酒店还与艺术家长期合作，定期会有展览、放映会，下榻其中，不妨去地下一层活动空间看看，也许最新的展览正在展出。

📍 北京市朝阳区工人体育场东路 4 号
📱 010—5871 5588
💲 每晚约 2000 元

三天两夜的北京，写不完 2000 多万人每天在此创造的惊喜。这里有传统的胡同、四合院、老北京小吃，有抽象艺术、顶尖设计、世界各国美味。传统又现代，古老又多元，这就是我们生活着、工作着的北京。无论发生什么，我们都会坚守在这里。

CHAO 酒店

南京中山陵博爱牌坊　图 / 浩睿

三天两夜的南京

一座石头城，半部中国史

南京，有人将青春埋葬在这里，有人将爱情丢弃在这里，还有人选择留在这里，但更多的过客将对它的爱化作一缕牵挂，装在了口袋里。这是我的故乡，也是整本书中，最难动笔的文章。

秦淮 + 民国 + 市井 + 南京菜

小岛说：

浩睿是南京人，南京对我来说，符号意义远大于其他，它是南京湿润的气候，还有比南京大牌档更丰富的各路小吃。跟着浩睿逛过一次南京之后，我不仅收获了胖三斤的体重，也更加理解了南京人的性格，那是一种充满自信的傲气与体面，急躁却爽快，聪明也精明，骨子里有与生俱来的清高和倔强。这是我眼中的南京人。

FRIDAY
周五

周五 14:03

六朝博物馆：宋齐梁陈数不完的时代

南京有大大小小 20 多个博物馆，藏在城市里各种不知名的小地方。从气势恢宏的南京博物院，到小巧精致的私人博物馆、科技博物馆，每一座博物馆都是我们看世界的另一个维度。

六朝博物馆由建筑大师贝聿铭之子贝建中设计，建立在南京六朝地层遗址上，空间布局和展品陈列很中国，除了墓志、瓦当，这里还有《兰亭序》的曲水流觞、《高山流水》的知音难觅、《广陵散》的感天动地……生命从来不能永恒，但是艺术和思想会用另一种方式，长存在这个世界上。

📍 玄武区长江路 302 号
📞 025—5232 6032
🕐 周二—周日：09:00—18:00
💲 门票 30 元

浩睿说： 作为一个在中山陵风景区里出生长大的老南京，六朝博物馆开馆后，终于结束了我长达十几年，一年十几次的带亲戚、朋友、同学爬中山陵的健身之旅。六朝博物馆绝对是一个可以大大提升对南京的好感度并且让人百逛不厌的好去处。

周五 17:06

老门东：城墙脚下的南京味道

南京美食以小吃著称，地道的南京小吃老字号都散落在南京街巷里的各个角落。除了南京大牌档，老门东也是一个整合了各种南京正宗小吃的好去处。鸡鸣汤包、沈记臭豆腐、蒋有记牛肉锅贴、蓝老大糖藕、徐家鸭子、司记豆腐脑、朱记小郑酥烧饼、陆氏梅花糕，这些南京

人热衷的地道美食在这里都有分店。这个依照南京城南旧景修建的街区，青砖白瓦别有一番老南京的味道。

📍 秦淮区江宁路

浩睿说： 虽说有了南京大牌档后，游客的确省心不少，但是老门东可不像南京人用南京大牌档"应付"外地亲友那么简单，这里可是南京人自己都想来吃一下的老字号聚集地。

小岛说： 从街头吃到巷尾，每到南京胖三斤。

秦淮人家　图/浩睿

周五 19:35

秦淮河：隔江犹唱后庭花

夫子庙已经成了每一个来南京的游客必去的景点之一，不过每一次来都会给我们一些新的惊喜，比如秦淮画舫。花灯初上时，顺着秦淮河向东水关出发，沿途经过江南贡院、朱雀桥边，青砖白瓦，半笼烟沙，"烟笼寒水月笼沙，夜泊秦淮近酒家"，配着船上的评弹，这是我们喜欢的南京。

📍 鼓楼区秦淮河沿岸石头城路 1 号
📞 025—5230 0870
🕐 10:00—17:00（日场）
　　17:00—22:00（夜场）
💲 画舫门票：日场 60 元，夜场 80 元

六朝博物馆　图／浩睿

SATURDAY
周六

周六 10:47
鸡鸣寺：多少楼台烟雨中

如果你看过《新白娘子传奇》，那么你一定会觉得鸡鸣寺似曾相识，这里就是雷峰塔真实的取景地，缠绵着许仙和白娘子的爱恨情仇。

作为南朝四百八十寺之首，鸡鸣寺也是南京香火最旺、最古老的梵刹之一。不过它是一座只有尼姑的寺庙，清净中亦增几分柔美。寺庙依山而建，又与玄武湖和明城墙相连，这里有南京最美的山水景致，可以看到明信片中拍照的角度。每年4月，樱花烂漫，鸡鸣寺也是南京人必去的赏樱景点之一。

📍 鸡鸣寺路 1 号
📱 025—8360 0842
🕐 周一—周日：07:00—17:00
💲 门票 10 元

浩睿说： 逛完鸡鸣寺，别忘记从后门直接登上明城墙，你会来感谢我的。

鸡鸣寺一角 图／浩睿

周六中午 12:24
江南灶：南京不只是小吃

浩睿一向不爱推荐酒店里的餐厅，这次却破例推荐江南灶的原因是这里的主厨正是曾经在中国大饭店掌勺的淮扬菜名家侯新庆。他能将夏宫这个主打粤菜的餐厅经营成连续多年媒体评选的"北京最佳江南餐厅"，相信味道已经无须多做介绍。

虽然是国际酒店中的餐厅，但游客仍然要做好下午两三点还在排队的准备，去餐厅吃饭需要提前预约或入住香格里拉大酒店。

📍 中央路 329 号香格里拉大酒店 1 楼
📱 025—8630 5988
💲 人均消费：大厅 200 元

浩睿说： 提到香格里拉大酒店的餐厅，夏宫最为出名，在每一家香格里拉大酒店中，它几乎都是标配。而如果是名字比较独特的餐厅，通常就是更加精致且被寄予厚望，这其中最为出名的就要数浦东香格里拉大酒店的桂花楼和南京香格里拉大酒店的江南灶。

周六 15:30
颐和路：一条颐和路，半部民国史

颐和路，说到这里就会想到北京的东交民巷，上海的武康路。满街都是中西合璧的民国建筑，有曾经的加拿大、巴西大使馆旧址。这是一个充满权力之争的地方，汪精卫公馆，马歇尔公馆，蒋纬国的故居……没什么比落日时分漫步在颐和路更南京的事情了。夕阳下，金色的光辉透过斑驳的梧桐树影，南京梧桐叶落，透着些许萧瑟与悲凉。古都今何在？古都今仍在。

📍 南京市鼓楼区

浩睿说： 其实南京人很少逛颐和路，或许是因为南京的民国元素散落在南京的各个角落，不过作为游客，想一次性充分体验南京的民国情调，总统府和颐和公馆区的确是最好的选择。

周六 18:46
先锋书店：斑驳树影后的十字架

先锋书店，应该是南京唯一一个堪称拿奖无数的文化空间，全球最美书店、最酷书店、十大书店……BBC、CNN、美国《国家地理》、英国《卫报》，各种全球顶级媒体都曾专访报道。而先锋书店被全球媒体一致表扬的原因也是它的人文性，这个藏在地下防空洞里被葱葱郁郁树木遮盖的地方，是全南京人的精神家园。

电影爱好者来放映室里看今日特别推荐的黑白老电影，纸质书爱好者来这里找"异乡的灵魂"。外部世界纷繁复杂，浮躁之风当道，总要有一个地方可以向艺术和知识致敬，安放疲惫的自己。

📍 鼓楼区广州路 173 号五台山体育馆地下车库
（近拉萨路）

📞 025—8371 1455

🕐 周一—周四：10:00—21:00
周五：10:00—22:00
周六、周日：09:30—22:00

浩睿说： 在出国读书前，我在这里读了一个月的设计类图书，当时幻想着自己能成为一名设计师。后来曾在这里写下了申请大学的 PS（个人陈述），最终我还是选择了金融专业。另外这里手机只有 2G 信号，绝对是提高学习效率的好去处。

小岛说： 这里是我在南京最喜欢去的地方，先锋书店走的

是和三联书店非常接近的路线，昏暗的灯光，在地下室里越走越深，感觉自己进入了《古墓丽影》的世界。而地上的十字架更是爱书者在异乡的灵魂归处。

老门东的先锋书店 图 /Harry Zhang

SUNDAY
周日

周日 10:24
南京博物院：穿越到民国生活

南京博物院，中国三大博物院之一，没有故宫的端庄大气，但 18 件国宝级藏品和新建的民国风情街让逛博物院不再枯燥。

傅斯年、梁思成、蔡元培、胡适，南博的历史上，刻着这些中国近代文化史上如雷贯耳的名字；从展品来说，有金缕玉衣的神秘莫测，也有金枝玉叶的低调华贵……民国风情街就生动了许多，几乎完全复原了民国时期邮局、银行、戏台子、杂货店等景象。下午 2 点到 4 点，在老茶馆内还有传统的南京白局、锡剧、扬剧或昆曲演出，10 元钱买一碗茶，就能穿越到清朝的悲欢离合、家国之痛。

- 🏠 中山东路 321 号
- ☎ 025—8480 7923
- 🕐 周二—周日：09:00—18:00
- 💲 门票免费

浩睿说： 去南博一定别忘记带身份证。

小岛说： 南博是一个永远人山人海的景点，去那里一定要选好时间。

南京博物院　图 / 浩睿

四方当代美术馆

周日 12:56
四方当代美术馆：天空之城

如果景点也有米其林评星，那四方当代美术馆就是三星，值得我们专门为它策划一次旅行。我们跨过长江，前往一片鲜有人烟的湖区，沿着一条石板路拾级而上，穿过一片茂密的竹林，最终到达了这个悬浮在空中的美术馆。四方当代美术馆仅仅占了这片湖区的二十四分之一。

十几年前，来自世界各地，有着不同文化背景的建筑师在这里抽签选择各自设计的建筑，包括日本的矶崎新、普里兹克建筑奖得主王澍等。四方的建筑师是美国人斯蒂文·霍尔，他用最简单的透视手法，整合了翠竹和黑白色块的魅力。美术馆有一个颇为巧妙的设计，就是恰到好处的消防云梯，作为一个斜线，支撑着方方正正的美术馆，成为馆中最美的对角线。

- 🏠 浦口区珍七路 9 号
- ☎ 025—5860 9999
- 🕐 周二—周日：10:00—17:00
- 💲 门票 180 元（包括公园区和美术馆内部）

浩睿说： 开了一个多小时的车，我来到了心心念念的四方当代美术馆，此时播放的正好是 B 哥李志的《天空之城》，突然觉得此时此景，不枉我往返两个多小时的舟车劳顿。美术馆外，正版的草间弥生大南瓜也成为那次拜访中最大的惊喜。

小岛说： 方方正正的四方当代美术馆和馆外公园的曲线广场，是园区最美的线条组合，站在入口处，会以为是哥本哈根的曲线公园。

南京 Nanjing

南京老门东 图/Harry Zhang

周日 15:30

南京大屠杀遇难同胞纪念馆：紫金草的眼泪

———

我们之所以将南京大屠杀遇难同胞纪念馆放在了最后一个行程，是因为去这里，即使鼓起勇气，也会让心情变得压抑。但只有在南京大屠杀纪念馆，我们才能直面屠杀的真实场景和那种穿越历史的愤怒和绝望。馆中的任何一个细节都不用多言，让每一个参观者亲历一场灾难，可能是珍爱和平最好的教育方式。灾难过后，伤痛仍在，砥砺前行。

📍 建邺区水门大街 418 号

📱 025—8661 2230

🕐 周二—周日：08:30—16:30

💲 门票免费

住在南京

颐和公馆：像名媛一样生活

走在中国最美的街道上，住在法云安缦设计团队设计的房间，与其说颐和公馆是精品酒店，不如说它是文化与历史的空间。一条颐和路，半部民国史。15 栋别墅，有民国如烟的往事，有开放与自由的自助餐，还有前卫与浪漫的集体婚礼。木质楼梯、实木家具、拼花地板，当复古气息遇上当代科技，今天在南京，做一天名媛。

📍 鼓楼区江苏路 3 号

💲 每晚 1500 元起

南京九华山公园一角 图/Harry Zhang

缅甸仰光大金寺一角 图 / 浩睿

三天两夜的仰光

假如给我一颗时间胶囊

———

缅甸，一个古老而神秘的国度，在结束了几十年的军政府统治后，这个国家正变得更自由和充满活力。越来越多的游客选择前往缅甸，去一窥它神秘面纱下的真实样貌。与泰国相比，缅甸显得更加原始，但仰光却并不会让你感到落后。淳朴的民风，极低的物价，对于中国旅客来说，这里或许是东南亚的最后一片净土。

———

佛系 + 淳朴 + 思考

仰光的"小岛说"可能只有一句。还没有开篇，就全文终……关于仰光，我和浩睿曾经爆发了激烈的争吵。因为我答应了浩睿一起去，但怎奈请不下来假，我只得放了浩睿鸽子，他一个人完成了缅甸之旅。时过境迁，有抱歉，也有唏嘘。有的故事，永远不希望重来。

小岛说：

FRIDAY
周五

周五 18:25
唐人街：迷失不夜城

———

仰光或许没有曼谷那般迷醉的夜生活，但却有属于它自己的那一片不夜天。每天晚上 6 点开始，唐人街的霓虹灯便渐次亮起。作为仰光人心目中的不夜城，唐人街是一个美食天堂。在这里你可以吃到各式各样不同口味的菜式：有地道的缅甸菜，有中缅边境的"融合菜"，还有华裔拿手的中国菜。

📍 Lanmadaw St, 24th St, Anawratha Rd 和 Strand Rd 之间

周五 20:46
苏雷塔：繁华中的静谧

———

在唐人街吃饱喝足了，不妨去附近的苏雷塔转一转吧。比起白天游人交织的热闹，晚上的苏雷塔则多了一份凉爽与宁静，通常只有当地人前来朝拜。这座位于仰光老城中心的佛塔，坐落在市政厅、教堂、纪念碑等风格迥异的建筑之间。游览完佛塔后，在周边的建筑群走一走也别有一番乐趣。

📍 Maha Bandoola Rd 95—1
🕐 05:00—21:00
💲 约 13.4 元人民币

仰光唐人街的街景 图 / 浩睿

SATURDAY
周六

周六 10:30
瑞光大金塔：城市的天际线

来仰光怎能不来大金塔？这座位于皇家园林圣山上，贴满金箔、镶满宝石的建筑，是城市醒目的天际线。它拥有 2500 多年历史，与印度尼西亚婆罗浮屠、柬埔寨吴哥窟并称为"东南亚三大古迹"，见证了缅甸这个昔日的东南亚霸主太多的起起伏伏。今天它仍然静静地矗立在城市中，仿佛什么都没有改变。对它来说，春秋只是一霎，百年不过弹指间，所有的硝烟、征战只是浮云，它只需俯瞰这个城市，静待东山再起。

📍 Shwedagon Pagoda
🕐 周一—周日：04:00—22:00
💲 门票约 36 元人民币

浩睿说： 在大金塔有许多会说中文的向导，他们会以"好心人"的身份指导你参观，一位向导陪我游览后，我的确觉得非常有用。他们不但能让你了解许多知识，还会虔诚指导你祈祷。但是最好一开始就确认好价格！不要像我，最后在佛教圣地讨价还价。

周六 13:24
昂山市场：朴实烟火气

几乎每个东南亚城市都会有一座"中国义乌小商品市场"。各色服装、塑料制品和旅游纪念品，是游客对于这种市场的固有印象。昂山市场也逃脱不了这样的套路。除了小商品店面之外，还有翡翠以及珠宝市场，从便宜的低质翡翠到老板一般不摆出陈列的高级货，都可以在这里找到。

如果都不感兴趣，你还可以在市场里，跟着拉客的

小孩，找一家美食排档，坐下来品尝当地居民热衷的地摊美食。炒粉和缅甸奶茶都是当地人必点的菜品。而在这些小排档中，幸运的话你还能见识下邻桌进行的翡翠"鬼市"交易。

📍 Bokyoke Aung San Road
🕐 周二—周日：09:00—17:00

缅甸仰光大金寺 图 / 浩睿

多次出镜的缅甸仰光大金寺　图 / 浩睿

仰光大金寺里的菩提树 图/浩睿

环城小火车：最仰光的体验

仰光没有地铁，但是却有一列环城小火车，参观完昂山市场，顺着市场里的一个小天桥就可以来到环城火车的其中一个站点。如果你追求仪式感，可以乘车前往仰光中央车站乘坐。在 7 号站台花约合 2 元人民币就可以买到一张全程的车票。仰光的环形小火车速度非常非常缓慢，很多小贩可以在途中随时上下车。

除了欣赏沿途的街道与住宅区，你还可以近距离感受当地人的生活状态和日常，最有趣的莫过于购买刚刚进完货的小贩的美食，无论是现做的缅甸小吃还是新鲜的热带水果，是刚刚出锅的水煮玉米还是爽口的五香花生，在这趟换乘小火车上你几乎都能吃到。

💲 小火车车票约 2 元人民币

浩睿说： 环城火车真的不用坐全程，体验一下就好，当然吃货除外，不断上下车卖小吃的商贩，会让你的嘴根本停不下来，而我印象最深的是和火车上会说一点英文的小学生聊天。

周六 18:50
回忆屋：有关昂山的一切

无论你是不是因为昂山素季这位女士而来的仰光，只要在缅甸，就很难回避这个名字。昂山将军曾为缅甸的独立立下了汗马功劳，现在他的女儿又为缅甸的民主进程写下了浓墨重彩的一笔。可惜，昂山素季被软禁长达 15 年期间的住所并不对外开放，游人只能在门口一瞥，想象 15 年来里面发生的所有事情。

还好有回忆屋可以弥补这样的遗憾，这里是昂山将军的办公场所，如今被改造成了一间餐厅，当年昂山将军办公室的原貌被尽力保留了下来。在这座 100 多年的房子里就餐，我们可以感受到缅甸传统

美食与被"殖民"的缅甸菜之间的差异。周末这里会有现场的钢琴和吉他表演。

📍 290 U Wisara Road
📱 周二—周日：11:00—23:00
🕐 +95 1 525195
💲 门票约 44.5 元人民币

周六 19:30
乔达基卧佛寺：佛系猫乐园

白天的暑气渐渐散去，夜晚的仰光显得更有烟火气。乔达基卧佛寺坐落在一处密集的居民区中，我光脚顺着坡道拾级而上，一个巨大的顶棚便映入眼帘。这座原本露天的卧佛由大量缅甸玉制造而成，当地人下班后会来这里做功课。除了卧佛，这里还有许多流浪猫。这些流浪猫卧在诵经者腿上睡觉，与当地人同享午餐，或者与这里的和尚玩闹。游客可以在卧佛边的花坛静静地坐上一会儿，这里也是瑞金大金塔夜景的最佳观赏地之一。

📍 Shwegondaing Road
🕐 周一—周日：06:00—20:00
💲 免费

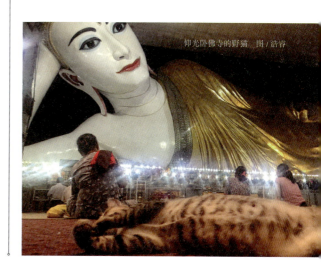
仰光卧佛寺的野猫 图 / 浩睿

周日 10:36
国家博物馆：近距离触摸历史

高大上的展览场地、冰冷的展品以及煞费苦心的陈列，现代的城市展览馆在拉近人与历史差距的同时，也疏远了人与文物本身的距离。缅甸国家博物馆却避免了这样的遗憾，自 20 多年前开馆以来，就一直维持着当时的模样。没有警戒线，甚至大部分文物都没有玻璃罩，在这里，你可以近距离感受文物与历史。

📍 66/74 Pyay Rd
🕐 周二—周日：09:30—16:30
💲 门票约 40 元人民币

浩睿说： 在国家博物馆，大约花 50 元人民币就可以请到一位会说英语的向导为你全程解说，在鲜有提示牌的博物馆中，这的确是最佳解决办法。

周日 14:25
茵雅湖：穿越回淳朴的爱情年代

一定要特别强调的是：这个湖泊是茵雅湖，不是茵莱湖，因为茵莱湖超大的名气，很少有人注意到这个姐妹湖，但这里却是仰光青年的约会胜地。茵雅湖是仰光北部最大的湖泊，美国大使馆、昂山故居都在湖泊周围，如果你来到这里，不妨租一艘小船，或者就在河边走走，和喜欢的人一起享受纯净的爱情时光。

📍 Parami Road
🕐 全天开放
💲 门票约 1.4 元人民币

缅甸国家博物馆　图 / 浩睿

贝尔蒙德（Belmond）总督府度假酒店客房前的荷塘　图／浩睿

使馆区里的秘密花园

贝尔蒙德总督府度假酒店，为每一位入住的客人都准备了颇具仪式感的入住仪式。一声悠扬清脆的击钟声响起，便告诉每一位入住的客人和工作人员，我们又迎来了一位新的家人。

穿过依水而建的长廊，你能看到鸳鸯与白鹅在水中嬉戏，而酒店饲养的一对充满灵气的缅甸国鸟——孔雀，它们慵懒恬静地在酒店内散步。整个酒店由缅甸盛产的柚木建造而成，进入房间，一阵沁人心脾的柚木清香扑面而来。酒店为不同喜好的住客提供了丰富精彩的游览及体验活动，有迎着清晨第一缕阳光进行的瑜伽，还有学习缅甸当地语言的趣味课堂，以及各种应接不暇的游览活动。如果这仍然不能满足你的话，酒店甚至可以专门为你量身定做任何法律允许的游览体验计划。就像酒店经理在入住仪式里所说的一句话：在贝尔蒙德，我们可以满足你对旅行的所有想法。

📍 35 Taw Win Roa

💲 每晚约 1500 元人民币

贝尔蒙德总督府度假酒店／图／汪莎

伊斯坦布尔全景图，从亚洲区的加拉太塔
远望欧洲区　图／陈俊羽

三天两夜的伊斯坦布尔

向左走欧洲，向右走亚洲

如果世界是一个国家，那它的首都一定是伊斯坦布尔。

——拿破仑

繁荣与贫穷，冲撞与热情，这个世界上，没有什么地方会像伊斯坦布尔一样，历经近 3000 年的政治、军事、宗教的斗争与征战，反而成为一个活力新城。从拜占庭到君士坦丁堡，再到伊斯坦布尔，这个世界没有谁会像它一样，历经战乱，却迸发出别样精彩。

宗教 + 纯粹 + 美食 + 猫

小岛说：

我对伊斯坦布尔的向往源自电影《但丁密码》，电影在佛罗伦萨拍的前半段美得无可挑剔，最后在伊斯坦布尔拍的半个小时里，地下水宫殿的快节奏、女主角西恩娜的果断、对爱情的选择和对信仰的坚持，则更加令人动容。

周五 09:03
蓝色清真寺：给游客编织一个梦

什么是土耳其的名片？博斯普鲁斯海峡、圣索菲亚大教堂、托普卡帕宫抑或是蓝色清真寺？我最偏爱蓝色清真寺，它建于 400 多年前苏丹艾哈迈德一世时期，之所以称其为"蓝色清真寺"，是因为建筑内部使用了大量伊兹尼克蓝色瓷砖，除了穆斯林，一般参观的游客不能从正门进入（友情提示：如果从竞技场进入，也可以拍到明信片角度的风景大片）。

📍 Sultanahmet, Istanbul 222, Turkey
📞 +90 212 518 1319
🕐 周一—周日：08:30—11:30,13:00—14:30, 15:30—16:45(穆斯林的五次祈祷时段内是不对外开放的)

小岛说： 图片征集的时候，我们约的每个摄影师，几乎都发来一张他眼中的蓝色清真寺。

圣天的蓝色清真寺，和网上那些照片摆拍的景象不同，日昙平和静穆，这才是土耳其的日常。图／陈俊羽

圣索菲亚大教堂内部，它是伊斯坦布尔非常典型的混合宗教建筑，从它身上可以同时看到伊斯兰教和基督教的影子。图／Kimi Zhu

周五 11:25
圣索菲亚大教堂：始于虔诚，终于艺术

除了蓝色清真寺，伊斯坦布尔的另一个地标就是圣索菲亚大教堂。它是教堂出身，始建于 6 世纪，在 15 世纪时，被改为清真寺；1935 年，它又被改造为一所博物馆。历任拜占庭君主都在此加冕，教堂里恢宏的皇室之门、数不胜数的马赛克镶嵌画都昭示着宗教的庄严和皇室的奢华，是拜占庭文化的集大成者。

📍 Sultan Ahmet Mahallesi,Ayasofya Meydanı,Istanbul
📞 +90 212 522 1750
🕐 周一—周日：09:00—17:00

在博斯普鲁斯海峡上钓鱼的老者，斑驳的码头、远处的教堂、别人的热闹和他的安静形成了鲜明的对比

傍晚坐船在海峡上航行，恰巧路过蓝色清真寺
图 /Kimi Zhu

周五 13:57
地下水宫殿：但丁密码藏身地

在电影《但丁密码》的最后，兰登教授和西恩娜为了寻找藏有病毒的箱子而来到伊斯坦布尔，在此展开了爱情与信仰的终极选择。藏箱子的"地下水宫殿"就位于圣索菲亚大教堂旁边，现在已经成为整座城市最神秘的地方之一，可以储水 10 万吨。

📍 Yerebatan Caddesi 13,Istanbul,Turkey
📱 +90 212 512 1570
🕐 周一—周日：09:00—17:30

小岛说： 地下水宫殿之所以成为阴森与邪恶的代表，是因为在廊柱的尽头，有两个美杜莎的头像，整个宫殿色调非常灰暗阴森，很难拍出大片。

周五 15:47
大巴扎：世界上最著名的集市

世界上最著名的集市在哪里？也许真的是大巴扎市场！这个世界上最古老的巴扎，遍布着丝绸、地毯、手工艺品，500 多年后，依然折射着土耳其人的生活全景。以君士坦丁纪念柱为起点，旧书集市为终点，游客足可以逛 3 个小时。这里卖女孩子喜欢的珠宝和丝绸，各种阿拉伯风情的首饰，还有古着店、二手店。不过特别提醒，大巴扎的物品品质参差不齐，淘宝还需谨慎。

📍 Beyazit Gate,Istanbul,Turkey
🕐 周一—周日：08:30—19:30
📱 +90 212 519 1248

小岛说： 如今的大巴扎，象征意味要远大于实际功能，香料市场也是，想要买到好东西，还要跟着土耳其人直接去他们的集市，不过土耳其人的要价……基本就是看心情。

圣索菲亚大教堂的花纹细节　图 / 白雪

埃及市场里售卖的彩灯，这在土耳其的巴扎里几乎随处可见　图 /Kimi Zhu

SATURDAY
周六

周六 09:03
托普卡帕宫：城中城

每个国家都有一个引以为傲的宫殿，对于土耳其来说就是托普卡帕宫。15 世纪到 19 世纪，这里是土耳其苏丹的主要居所，"在托普卡帕里发生的故事比世界上所有的博物馆都多"。位于第三庭院的"帝国宝库"是整个宫殿的精华，其中收藏的"托普卡帕之剑"镶嵌了 3 颗巨大的绿宝石，是 1963 年的电影《托普卡帕》中劫匪们抢夺的主要目标。另外宝库里有一颗 86 克拉的泪滴形钻石，是世界第五大钻石，穆罕默德四世曾戴着这颗钻石参加登基大典。

📍 Babihumayun Caddesi, Turekey
🕐 周一—周日：09:00—19:00
📱 +90 0212 512 0480

小岛说：几乎每个伊斯兰国家，都有一个大型珠宝展览会。

周六 11:26
鱼市：专属伊斯坦布尔的烟火气

伊斯坦布尔是一个充满烟火气的城市，走出清真寺、宫殿，在街头巷尾就能看到土耳其普通人的生活。加拉塔萨雷独立大街附近的"鱼市"就是典型代表。这里卖的不只是鱼虾蟹，还有那些古法制成的鱼子酱、烤羊肠和油炸贝壳。鱼市很大，随便在几个摊位买点小吃就能非常满足，比如 Resat Balik Market 的鱼子酱和腌制鱼干、Uc Yildiz Sekerleme 的果酱、土耳其甜品和软糖……

📍 Sahne Sokak Balik Pazari No.30, Galatasaray, Istanbul, Turkey

🕐 周一—周日：11:00—次日 01:00
📱 +90 212 293 6091

小岛说：旅行途中你一定会遇到土耳其冰激凌，那个冰激凌看起来搞笑，吃起来更搞笑……你可能会觉得自己直接吃了冷冻的奶酪……

周六 14:35
博斯普鲁斯海峡：从亚洲到欧洲

每到一个城市，对我来说不可或缺的体验就是乘船沿着主河道从南到北，从不同角度看这个城市。对于土耳其来说，博斯普鲁斯海峡就是孕育这个城市灵魂的地方。艾米努洛是航行的起点，途中路过女儿塔、契拉昂宫、贝勒贝伊宫等十几栋知名不知名的建筑。在河道中穿行，就像从历史走到现实，城市风雨千年，繁华依旧。

📍 艾米努洛码头（Eminonu Pier），近 Sirkeci Railway Station, Istanbul, Turkey
🕐 每日有多班船，单次行程 2.5 小时

小岛说：这可能是世界上横跨大洲最便宜的方式，只需要人民币 4 元。

周六 18:47
Muzede Changa：艺术范儿晚餐

说实话，在土耳其吃饭很难兼顾美图、美景与美食，但是 Muzede Changa 是个例外，这家位于博物馆中的餐厅用装饰百分百地诠释了艺术范儿。大厨擅长新式土耳其餐，很多菜品的摆盘和后现代的画作相似。如果天气好，你还可以在露台上喝杯酒，那就是周末最幸福的甜蜜时光。

📍 Sakip Sabanci Caddesi 42 Emirgan, Istanbul, Turkey
📱 +90 212 323 0901
🕐 周一—周日：10:30—次日 01:00

夕阳下的博斯普鲁斯海峡轮渡　图 / 黄侃淳

SUNDAY 周日

周日 10:24
纯真博物馆：爱情的极致

来伊斯坦布尔之前，我对纯真博物馆的感情非常复杂，既期待又害怕，一方面为男生的痴情感动，另一方面又遗憾他们错过的爱情。带着小说《纯真博物馆》，我还是在小巷中敲开了博物馆的门。看到里面收藏的芙颂的 4213 个烟头、戴过的发卡、触碰过的直尺，甚至是鸟笼……凯末尔收藏着女孩的生活，还有自己全部的爱，博物馆中还藏有帕慕克小说的手稿。

📍 Çukurcuma Caddesi, Dalgıç Çıkmazı, 2, 34425, Beyoğlu, Istanbul

📱 +90 212 252 9738

🕐 周一—周日：10:00—18:00

小岛说： 这可能是我最有压力的一次博物馆参观的体验，因为凯末尔爱得太卑微，又太炽热。从馆中走出，我一直在想爱情中最美好的样子是什么？拥有是一种幸福，失去也是。

周日 14:35
佩拉博物馆：用艺术讲历史

土耳其的宗教文化太强势，相对来说，当代艺术只是开在城市一隅的一朵小花。不过佩拉博物馆却将历史与艺术融为了一体。它是伊斯坦布尔最重要的私人博物馆，用艺术的形式呈现了这个国家 17 世纪到 20 世纪的全貌。馆中最棒的作品是奥斯曼·哈姆迪·贝的《驯龟人》，自展出以来，博得各界赞声一片。

📍 Mesrutiyet Cad. No.65 | Tepebaşı, Istanbul 34443, Turkey

📱 +90 212 334 9900

🕐 周一—周日：12:00—18:00

周日：18:40
Sunset Grill & Bar：地中海落日

很有意思的是，要欣赏伊斯坦布尔最美的落日，不是从城市里某个自然角度，而是在一家名叫 Sunset Grill & Bar 的餐厅，在这里吃饭，可以看到落日从乌卢斯山坠入博斯普鲁斯海峡。这是一家新式国际餐厅，汇集了传统的土耳其餐和西餐、日料，店家还专门推出了"Sunset"鸡尾酒。

📍 Kuruçeşme, Yol Sk. No:2, Turkey

🕐 周一—周日：12:00—15:00，18:00—24:00

📱 +90 212 287 0357

小岛说： 在这已有 2700 多年历史的老城，落日西沉的景象，会让人心碎。

纯真博物馆，图中都是书里芙颂使用过的小物件，凯末尔用这种方式来纪念自己的爱情　图 / 白雪

博斯普鲁斯海峡的落日，夕阳里留下了蓝
色清真寺的剪影 图／黄侃淳

伊斯坦布尔的亚洲区，加拉太塔占据了视觉中心

脾气暴躁的拜占庭女皇

Hotel Empress Zoe，是用 Zoe 命名的一家精品酒店，整栋房子都被鲜花装点，房间设计得很有个性，在地中海地区，有什么会比从露台上眺望缤纷的花园和蔚蓝的大海更令人心动呢？

📍 Cankurtaran Mh., Akbıyık Cd. No:10, 34122 Fatih/Istanbul

📱 +90 212 458 5880

💲 人均每晚 400 元起

住在蓝色清真寺旁边

如果可以，我愿意住在蓝色清真寺周围，就好像住在一个瓦蓝色的梦里。Hotel Ibrahim Pasha 是清真寺旁的一家设计酒店，略有复古风，站在露台上可以看到夜幕下的蓝色清真寺和博斯普鲁斯海峡，可以看到这个聒噪的城市，在夜色中陷入一片静谧。

📍 Binbirdirek Mh., Terzihane Sk. No:7, 34122 Fatih/Istanbul

📱 +90 212 518 0394

💲 人均每晚 480 元起

在伊斯坦布尔的三天两夜，我们一直沉浸在一种优美与割裂之中。这里有极致的沧桑与繁华，也有如疾风骤雨般的爱与恨、得到与失去。这就是伊斯坦布尔，一个历经 2700 多年风雨的城市，所有的东西都留在宫廷的彩色玻璃上、街头巷尾的传闻中。而博斯普鲁斯海峡的水依旧日夜流淌，仿佛什么都不会带走，什么都未曾发生。

一位男士在蓝色清真寺的顶层天台拍照

和朋友一起
看世界

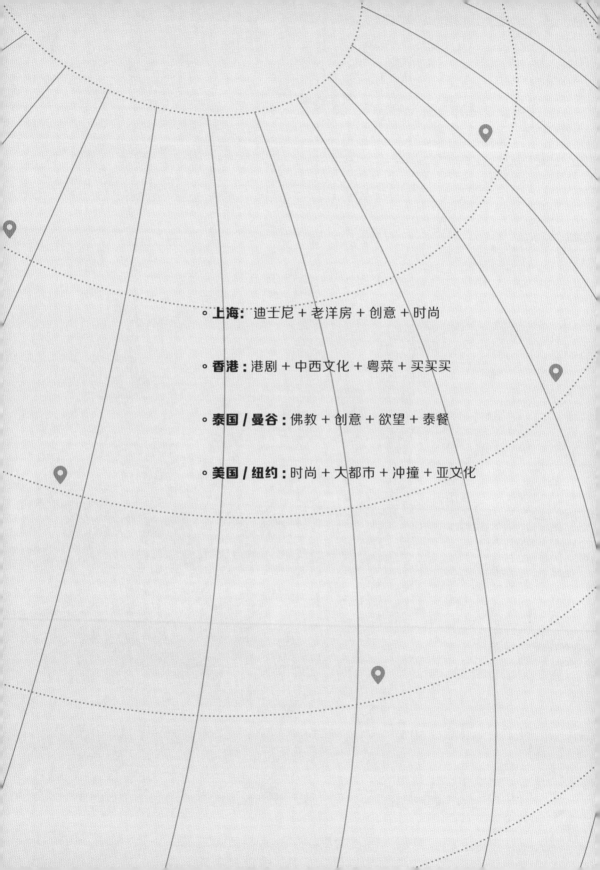

◦ **上海：**迪士尼 + 老洋房 + 创意 + 时尚

◦ **香港：**港剧 + 中西文化 + 粤菜 + 买买买

◦ **泰国 / 曼谷：**佛教 + 创意 + 欲望 + 泰餐

◦ **美国 / 纽约：**时尚 + 大都市 + 冲撞 + 亚文化

可能每个到上海的游客都拍过一张陆家嘴夜景标准照，东方明珠、上海中心大厦、金茂大厦、上海环球金融中心都在其中　图／邹大卫

三天两夜的上海

海派优雅，骑单车走过老洋房

"三天两夜指南"是这样一个品牌，精致平和，优雅得一丝不苟，上海篇可能是这本书中最"三天两夜"的城市。法租界里有写满故事的咖啡馆、零点之后的外滩，永远也逛不够；即使是人山人海的迪士尼，也有夜晚绽放的烟花点点。在这个 2000 多万人生活的城市，即使是旅行者，也会觉得自己既是过客，也是归人。

迪士尼 ＋ 老洋房 ＋ 创意 ＋ 时尚

浩睿说：

对于一个生长在江浙的人来说，每一次在北京四环外吃着千篇一律的煎饼果子、茴香馅的包子时，脑海中都会翻滚着生煎包、小笼包、鸭血粉丝汤、大排面，每每此时，特别想去上海；周末在朝阳大悦城苦恼今天翻哪家餐厅的牌子时，看着上海好友的 Brunch（早午餐），每每此时，特别想去上海；每次在工体流程一般喝完了一轮又一轮的假酒，在破晓时分终于打上一辆出租车，回家路上刷着朋友圈，看着上海的同事晚上一场接一场地参加主题派对，每每此时，特别想去上海。但真正当这本书出版时，又觉得待在北京也没啥不好，不然怎么会有时间写完这本书。

小岛说：

因为没有在上海长期生活过，对我来说，上海永远是一个熟悉又陌生的存在。平均每一两个月就会飞一次上海，在我看来上海就是半个欧洲。和朋友在法租界的梧桐树下聊天，聊 10 年来的各自的成长变化。这么多年每一次去武康路我都会感慨法桐叶落，但是好像什么都没有改变。

周五 13:26
昊美术馆：虚构还是现实

收藏家郑好先生的美术馆——昊美术馆去年开幕，
从一开始，它就给了上海这个当代艺术之都一些惊
喜。比如这里施行"夜间美术馆"的运营模式，每
天晚上 10 点，博物馆仍然灯火通明。同时他们还在
布展上寻求碰撞和刺激。比如莱安德罗 · 埃利希的
"虚构"主题展览，用镜子等装置呈现出空间感，
来达到视觉迷宫的效果。

浩睿说：这家美术馆虽然有点远，但是它关得够晚啊！

小岛说：三层有扎哈·哈迪德周边，买一个手办此行就值得。

上海市祖冲之路 2277 弄 1 号

021—5157 2222—8869

周一—周五 13:00—22:00

周六、周日 10:00—22:00

昊美术馆"虚构"主题展览中电梯的布景
图 / 昊美术馆

老上海的地标武康路，图中大楼就是上海第一
座外廊式公寓大楼——武康大厦　图／郭大卫

东方明珠作为上海经典的地标,几乎会出现在所有图片的背景中。图/Kris.z

周五 14:37
星巴克烘焙工坊:沪上最大牌的网红店

网红店层出不穷,但能长期被大家喜爱的没有几个。2017 年开业的星巴克上海烘焙坊成功从"喜茶"手中抢来了"上海最热门网红店"的称号,至今仍然热度不减。但是为何一家星巴克值得排队等待?这里有星巴克全球最长的吧台,有 100 多位咖啡师为你提供饮品,专为上海定制的特调咖啡和茶饮,米兰最著名的烘焙大师版权"面包店"……即使不是咖啡迷,也会被这家星巴克诱惑吧。因为你喝的绝对不只是咖啡。

📍 南京西路 789 号兴业太古汇 N110—N201
🕐 周一—周日:07:00—23:00
📱 021—2226 2878
💲 人均 166 元

浩睿说:小岛其实很想推荐 % Arabica 烘焙工坊,但是苦于我们排了 1 个多小时队都没有排到,最后我才推荐的星巴克烘焙坊。

小岛说:2017 年开业时,曾有博主为了这家咖啡馆发了 100 张图,相信你去了会认为不虚此行。

周五 18:08
平成屋:前半生的深夜食堂

海派的电视剧很多,2017 年最火的海派剧就是亦舒小说改编的《我的前半生》,酱子是剧中故事展开的最重要餐厅,大叔陈道明开的深夜食堂日料店是贺涵、唐晶最爱的约会场所,不到 10 个座位的小店见证了太多的爱恨情仇与世道变迁。平成屋就是酱子的真实取景地,一家很地道的日式居酒屋,价钱也非常良心,人均 100 元就能吃到很新鲜的刺身。电视剧里老卓最喜欢做的就是豚骨拉面,店里的芥末沙拉虾仁、烤牛舌也是高频之选。

📍 广西北路 245 号 1 楼 2 楼(近汉口路)
🕐 周一—周日:11:00—24:00
📱 021—6352 2139
💲 人均 100—150 元

浩睿说:对我而言,过了晚上 10 点还可以聊天喝酒吃美食的地方,都是"慈善组织"!

小岛说:进到这间店里,电视剧里的画面再次涌现在我眼前。一定意义上来讲,可能我自己就是一个现实版的唐晶。贺涵和唐晶的故事让人唏嘘感慨,爱过却遗憾。

SATURDAY
周六

周六 10:16
文庙：与上海同龄

上海不算一个历史悠久的城市，但文庙是"上海之最"。它和上海同龄，建于 1294 年，是上海市中心唯一一座祭祀孔子的古建筑，许多学生会来此祈求"金榜题名"。如果你对二手书感兴趣，可以逛下这里的"文庙书市"，1 元的入场券，也许可以淘来许多连环画和首版孤本。

📍 黄浦区文庙路 215 号
🕐 周一—周日：09:00—17:00
📱 021—6366 9607
💲 门票 10 元

周六 16:18
K11：跨界玩美食

在趋于同质化的购物中心开遍全国的时候，上海的 K11 和北京的芳草地就是两个最好的例外，它们把逛街变成了一件很有"文化感"的事情。K11 有一线奢侈品、小众潮牌、手作集合店，自称是全球第一个把艺术、人文、自然融合在一起的商场。K11 近期的大动作是美食中心 Terminal 5 开业，意大利菜、成都串串、美式简餐和越南河粉是首批入驻的 4 家网红店。他们还邀请了上海滩最炫酷的 DJ 打碟，猜猜会是谁？

📍 上海市黄浦区淮海中路 300 号
🕐 10:00—22:00
📱 021—2310 3188

浩睿说：因为跨层的结构，其实 K11 是没有 5 层的，

Terminal 5 也算是楼层安排上的一个小彩蛋。每周四到周六晚 8 点后，Terminal 5 会变身为派对现场，提供特饮酒水，现场演出持续到晚上 11 点。

小岛说：如果你没有在 K11 一层买买买的预算，还可以在地下 3 层看个展览，这里给每一个顾客尊严。

周六 20:20
迪士尼乐园：送给成年人的儿童乐园

实话说，在上海三天两夜你很难有时间好好逛迪士尼，但是这个完美的周末之夜，乐园里宛若童话世界。园区会以睡美人的城堡为背景燃放烟火，游客可以倒数 10 秒后许下愿望。平日里电影中的各个主角此时也会变成真人，把我们带入童话世界。大家都说迪士尼是世界上最快乐的地方，因为无论何时，每一个人心中"王子和公主从此过上幸福的生活"的心愿不会变。哪怕经历了世事险恶，伤痕累累，我们永远充满爱意和善良的希冀不会变。

📍 川沙新镇唐黄路 180 号
🕐 平日：09:00—21:00，高峰日：08:00—22:00
📱 400 180 0000
💲 人均 450 元

浩睿说：全世界都催着你长大，只有迪士尼把你当作孩子。虽然再美的童话世界也不忘记大把大把向你收费，但是如果能用金钱买回一天的童年，那也是值得的。进入园区后，第一时间领取 Fast Pass（快速通行证）可以为你节省下许多时间。

小岛说：一直恐惧迪士尼的人潮拥挤，错过了加州、巴黎、香港的迪士尼之后，我终于在上海鼓起勇气走了进去，然后再也不想回到现实……

迪士尼中随处可见的大型卡通形象

石库门中，一个居民区老人的日常生活一瞥之普见

站在延安西路高架桥上拍夜景，城市的霓虹和
弄堂里的平静形成了鲜明的对比　图／郭大卫

周日 10:25
衡山 · 和集：书籍是最好的礼物

上海的独立书店很多，很少有哪家有碾压性优势，也许是季风书店？或是衡山·和集。它不只是书店，更是一个生活馆和生活研究所。衡山·和集的创始人是令狐磊，也就是《生活》的创意总监，有杂志癖的令狐磊在此收集、售卖国内外 500 多种期刊读物，是上海杂志人小聚的地方。

📍 徐汇区衡山路 880 号
🕐 周一—周日：10:00—22:00
📱 021-5424 0100
💲 人均 92 元

周日 14:37
M50：与涂鸦合个影

上海有没有"网红墙"？莫干山路 M50 旁边的几百米涂鸦墙是一个拍照合影的好地方。它不是纯粹的群众创作，那些夸张的卡通图案通常是艺术家随性而为。

上海的文创园真的很多，西岸的香格纳画廊也常有一些世界性的当代展。但是总有一些地方藏着成名前的小艺术家工作室，比如 M50 创意园。如果不了解整个地区的调调，你很难将工作园二层昏暗的灯光、残破的墙壁，与透过窗子看到的创意画作联系在一起，M50 创意园可能就是这样一个地方。

📍 普陀区莫干山路 50 号

小岛说：这里就是上海版 798。

周日 18:48
懂经爷叔：一家看不懂名字的餐馆

懂经爷叔是什么？如果你不是地道的上海人，绝对无法理解这样一个奇怪的名字。对于上海本地人来说，单看名字就知道这家店够地道。懂经，在上海话中指的是见过世面、够讲究，爷叔就是上海话中叔叔的意思。这家见过世面的餐厅将上海的小资情调发挥到了极致，店里总有一位身穿长衫的侍者，全程用上海话和你打着招呼，音响中放着邓丽君的音乐——《甜蜜蜜》或者《小城故事》，瞬间就把你带回那个年代。红烧肉、菜饭、酒香草头都是店里的招牌菜，绝对值得一试。

📍 富民路 177 号
🕐 周一—周五：11:00—14:00，17:00—21:00
　　周六—周日：10:00—21:00

小岛说：绝对够甜的上海菜，让 sweet teeth（爱吃甜食的人）的我无比幸福。

周日 21:20
Speak Low：轻声细语

一家酒吧，名字叫轻声细语？这种反常理的组合在上海才会有。不过这绝对不是一家低调小众的酒吧，2014 年开业之后就一直是指南君的私藏打卡目的地。晚上 6 点就开始排队，酒吧很神秘，有一个书架机关，进去后才是酒吧的世界。酒吧共三层，二层是美式调酒与餐食，三层是日式调酒，更加幽暗、有情调。一家兼顾美式热情和日式克制的店，店家要求大家在此说话轻声细语，又何妨？

🕐 周日—周四：18:00—次日 01:30
　　周五—周六：18:00—次日 02:30
📍 复兴中路 579 号

上海街头，老人载着红衣女孩骑行穿过芭蕉树下　图 /Harry Zhang

住在上海

素凯泰酒店

大名鼎鼎的泰国素凯泰酒店终于开到了国内，被命名为上海素凯泰酒店。它刚开业一周就被列为上海唯一的"SLH"（全球奢华精品酒店组织）成员，这对于竞争激烈的上海酒店圈而言，绝对不可小觑。公共区域内标志性的旋转楼梯、智能化的客房以及皇室级的贴心服务，使其成为 2018 年最值得体验的上海酒店之一。

素凯泰的 5 家餐厅，颇值得称道。特别是由米其林星级主厨执掌的 La Scala 餐厅，它在上海滩践行了南欧最流行的食材"可持续化"处理，当地采购、零冷冻、低碳排放，每一餐饭都是对环境和食材的致敬。

📍 上海市静安区威海路 380 号
☎ 021—5237 8888

素凯泰酒店的 La Scala 意大利餐厅，餐厅的软装、桌椅、灯具也都是由如恩设计 图 / 素凯泰酒店

从外滩拍陆家嘴，以东方明珠为代表的浦东和有历史感的浦西老建筑，二者共同组成了这座国际化大都市

中環
Central

銅鑼灣
Causeway Bay

彩虹
Choi Hung

旺角
Mong Kok

油麻地
Yau Ma Tei

九龍塘
Kowloon Tong

三天两夜的香港

这里从不只是购物天堂

铜锣湾，兰桂坊，是香港；太平山，维多利亚港，也是香港；龙脊，大浪湾，这还
是香港……香港从来都不只有一面，无论是都市的川流不息，渔港的安宁平静，还
是市井的热气腾腾，香港总有一面令你迷醉。

港剧 + 中西文化 + 粤菜 + 买买买

小岛说：

香港节奏太快，太压抑。受之前的男朋友影响，我一直很想去香港工作，
因为这里是真正意义上的中西文化交汇之处，不过我不会说粤语，语言交
流是永远的痛。而做旅行编辑，真正第一次来香港之后，我才对工作的事
情释怀。人生不可能十全十美。慢慢探索香港这个亚洲地区设计小店最多
的地方，是我隔一段时间就去香港的最佳理由。

FRIDAY
周五

维港的日常，天星小轮的码头也在图中，作为在香港最"平价"的交通工具，它一直承担着从中环到九龙的运输工作 图／邬大卫

周五 16:30
天星小轮：百年见证者

每一座城市都有独属于它的标志，对于游客来说，参观它们就是在这里最具仪式感的体验。香港的标志太多，穿梭在商圈中的叮叮车，高效运营纵横交错的港铁，往返于尖沙咀和中环的天星小轮都是香港不可或缺的一部分。如果非要从中选择一项最值得去体验的，那非天星小轮莫属。

天星小轮连接九龙和香港岛的尖沙咀中环地区。几元港币的票价，不但可以让上班族迅速通勤尖沙咀中环两地，也是游客欣赏维港最全面、最便宜的方式。在工作日，船上有身穿西装扎着领带的上班族，有穿着校服的学生，有刚刚买完菜的家庭主妇，还有手上拿着地图的游客，这艘运营了近百年的轮渡是香港文化最有力的见证者。

📍 尖沙咀天星码头

浩睿说：*香港的生活节奏很快，路上的行人也脚步匆匆，连商场都充满厮杀的气息。比起通勤速度更快的港铁，天星小轮在香港是节奏缓慢的存在。*

周五 18:15
元创方 PMQ：脑洞大开的警察局宿舍

香港具有设计感的地方很多，无论是独具设计美学的网红公屋，还是街角遇见的文艺小铺，文创在香港的各个角落生根发芽。近来最热的就是原创方 PMQ。作为香港最大的创意集合中心，这里曾经是中央书院和警察宿舍。而如今，100 多位创意先锋驻扎在此，为这座见证无数历史的建筑注入了新的活力。

小岛说：*相信我，元创方可能是你此行最大的惊喜之一。*

📍 香港中环鸭巴甸街号 35 号
📱 +852 2870 2335
🕐 周一—周日：07:00—23:00

周五 20:07
Wooloomooloo：夜，太美

这个名字听上去有些奇怪的澳洲餐厅，坐拥全港最佳的马场和维港景致。时尚感十足的黑色桌椅，与店内原木和牛皮材质的装饰相互呼应。作为这家餐厅的主营菜式，澳洲和美国牛排，以及各国佳酿绝对可以满足你大口吃肉、大口喝酒的想法。

真正吸引人的要数这里的酒吧，每当夜幕降临，整座城市在华灯中苏醒，31 层楼的高度使这里成为香港最佳观赏点。顾客不会受到聒噪的城市噪音的打扰，又可以欣赏到城市每一处多彩的细节。

📍 香港尖沙咀弥敦道 100 号
📱 +852 2870 0087
🕐 周一—周日：11:45—24:00

SATURDAY 周六

周六 12:26
The Pawn：可能是香港最棒的 brunch

我们似乎很难将一家英国餐厅与一间有百年历史的典当行联系在一起。殖民时期的建筑已经成为香港历史的一部分，但这些建筑原本的功能，却已经被时代淘汰。香港找到了解决办法将这些建筑"复活"，即通过改变建筑物的用途，使其以另一个身份继续保存下去。正是因为这项改造计划，和昌大押和 The Pawn 两个风马牛不相及的店铺便从此捆绑在一起。除了保留和昌大押的招牌和建筑风貌，负责建筑内部改造的设计师又一山人也在新增的展览区域和餐厅部分最大限度地保留了和昌大押的特色。

和昌大押中的餐厅 The Pawn 主营经典英式菜肴。由米其林名厨汤姆·艾肯斯（Tom Aikens）亲自主理。这里一层是酒吧，二层是餐厅，顶层是露天花园。不论你是坐在一楼的酒吧喝酒，看外面叮叮车缓缓驶过，还是坐在二楼餐厅的阳台长廊，感受独有的老香港的情怀，都是香港之行中最美好的画面。

📍 62 Johnston Road Wan Chai

📱 +852 2866 3444

🕐 周一—周日：12:00—次日 01:00

浩睿说： 我认为 The Pawn 是香港最适合吃 brunch 的餐馆之一。在 brunch 时段，除了价格便宜不少以外，还有无限量的香槟畅饮！

周六 14:47
公屋：香港生活日常

公屋，顾名思义，就是政府为低收入群体建设的公共租赁住宅。概念接近于内地廉租房或经济适用房。香港公屋政策及建设起步较早，鲜亮的颜色、对称的设计、独特的中空结构、五彩斑斓的配套设施，构成了香港独有的公屋设计特色和文化。

彩虹邨的艳丽缤纷、乐华邨的蓝色时空隧道、坪石邨的方正线条、励德邨的循环与重复，这些颜值超高的公屋俨然成了香港面对游客的另一张名片。这里已经成为游客青睐的打卡圣地，也是香港普通市民的生活日常。

小岛说： 对于女生来说，网红公屋，更像个打卡地。

浩睿说： 虽然我对于网红打卡地提不起什么兴趣，但是这些公屋附近的小餐厅却非常值得一试。

香港鲗鱼涌圣鲁大厦，这里的居住密度极为密集，五栋大厦围成方框，被誉为"飞向月球的大楼"。

从太平山看香港全景

周六 16:36
上林茶舍：来一杯手冲茶吧

或许你对于手冲咖啡早已见怪不怪了，但是手冲茶也值得一试。这家位于上环的茶吧，只能容纳 6—7 人同时饮茶，店里黑色的原石桌面、原木的椅子和茶几，与咖啡吧相比显得有些寡淡，但寡淡中略显清新的风格更适合饮茶。

店主兼茶师早年在京都学习茶艺，所以整个茶吧从茶具的选择到冲泡的茶品都能看出日本茶文化的影子。茶师一丝不苟地控制水质、温度、茶具，配以高超的冲泡手法，使得他家的煎茶名声在外。点茶前不妨和茶师聊一聊，他会根据你的口味为你推荐最适合你的茶品。

📍 太平山路上环 1 号

🕐 周一—周日：11:00—18:30

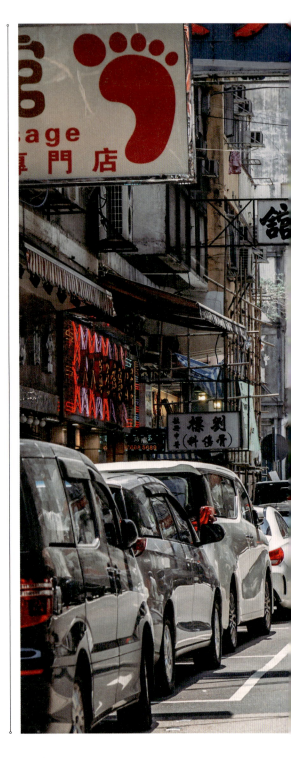

周六 18:38
跑马地：谁是黑马？

无论电影作品中还是真实生活中，跑马地都是香港文化的一个符号。作为香港少数可以合法进行的赌博项目之一，赛马深受港人的喜爱。在赛季，每周三晚和部分周末都会有固定的赛马比赛。如果在你前往香港的周末碰巧有赛马比赛，不妨选一匹你喜欢的骏马，小试一把，以伯乐的身份感受赛场氛围。

📍 香港跑马地黄泥涌道

📱 +852 2895 1523

香港另一面，与中环高楼林立的繁华截然相反

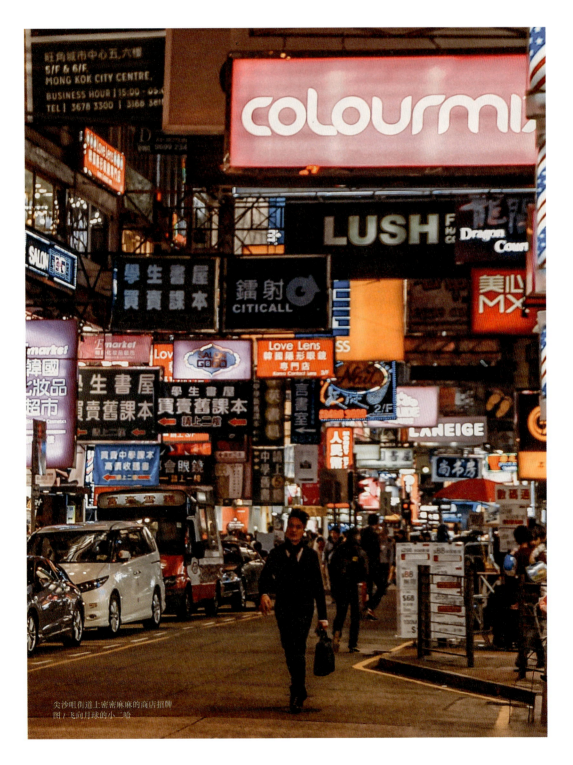

尖沙咀街道上密密麻麻的商店招牌
图 / 飞向月球的小二哈

SUNDAY
周日

小岛说：作为去交信仰税的人之一，我家里几乎收齐了 *Monocle* 的 20 多本 *City Guide*（城市指南）和 *Lonely Planet*（孤独星球）全球范围的攻略，还会参考 *Wallpaper* 60 个创意城市推出的城市指南。

周日 10:20
H Queen's：艺术新地标

除了大名鼎鼎的巴塞尔展，位于中环的 H Queen's 实力巩固了香港在亚洲乃至世界范围内艺术重镇的地位。这座紧凑的高层建筑中，聚集了近 10 家艺术画廊空间以及餐饮购物店铺。其中包括卓纳画廊（David Zwirner）在亚洲的第一间艺术空间、豪瑟沃斯、方由美术、首尔拍卖、当代唐人艺术中心，以及将在年内开业的白石画廊、艺术门。

📍 香港中环皇后大道中 80 号
🕐 +852 2343 1738

Monocle Shop · 街拍店

周日 14:05
Monocle Shop：一本杂志的文创帝国

香港购物
特别指南

SHOPP
-ING

曾经的 Monocle Shop 是一家因为书香和咖啡香而火的咖啡馆，不过我们这个夏天再去，发现它已经去掉了咖啡部分，单纯成为一个卖书的文创空间。它依托于源自英国的时政生活方式类杂志 *Monocle*，并以此研发了一连串 *Monocle* 气质中性风的周边，包括著名的 30 多个城市指南书、报纸、设计、家居主题丛书，当然还有每一期杂志和各种 monocle 品牌的衣服和周边。几乎所有来此的人都是为了一本纸质杂志独立自由、严肃且有趣的情怀。

📍 湾仔进教围路 1 号
🕐 周一—周六：11:00—19:00，周日：12:00—18:00
📱 +852 2804 2323

与市区里的购物中心相比，九龙塘的又一城显得清净很多。商场中云集了香奈儿、兰蔻、丰泽、百老汇、Page One 和 Log-On 在内的 200 多家商店。如果你行程不赶的话，不妨来这里享受购物乐趣。

如果你希望逛街吃美食两不误的话，那位于旺角的朗豪坊则是最佳选择。香港最大的快时尚品牌旗舰店都设立在附近。周围街巷中的小店也非常值得一逛。

如果你想一次逛完，或者想要最大限度地享受买买买的快乐，那就去海港城，这个 20 世纪 80 年代就已经存在的购物中心是西九龙地区最大的商场。毫不夸张地说，这里有你想要买到的一切品牌。

浩睿说：有人抱怨 Monocle Shop 徒有其表，有人抱怨这家店实在太小，但我相信每一个喜欢 *Monocle* 的人都是过去交信仰税的吧。

香港洲际酒店

香港寸土寸金，酒店的位置与周边景观几乎可以判断酒店的地位。除了拥有无敌的维港景致，酒店内的米其林餐厅欣圆轩也让洲际酒店在香港的地位不可撼动。酒店房间内配备智能手机，你可以带着它游遍香港的各个角落，并且能免费上网和拨打电话。酒店中有三个无边泳池，总有一处有你喜欢的维港景致。

📍 尖沙咀梳士巴利道

💵 每晚 1800 元人民币起

浩睿说： 如今香港洲际酒店的重新装修计划已经提上了日程，重新装修升级后的香港洲际酒店将以曾经的丽晶酒店的身份重新与大家见面。

香港洲际酒店大堂酒吧

泰国大城府遗址（Ayutthaya）里少数完整
的佛像之一　图 / 浩睿

三天两夜的曼谷

在佛教之都寻找设计灵感

不知道你带着《三天两夜指南》去了哪里？但我想告诉你，"三天两夜指南"就诞
生在本文所介绍的目的地——曼谷。这场曼谷之行源自我们对城市生活的逃离，是
一场说走就走却来不及做功课的旅行。现在让我们重新回到浩睿和小岛的居心地，
"三天两夜指南"诞生的地方。

佛教 + 创意 + 欲望 + 泰餐

浩睿说：

作为我的"第二故乡"，曼谷承载了我太多的回忆与过往。高一时（10 年
前），我带着 1000 元第一次独自出国旅行，在泰国待了整整一个月，住
青旅的床铺，认识了当地的朋友，做国际志愿者换取食宿。这座城市淳朴
的居民、低廉的物价，以及成熟的旅行市场，不但开启了一个孩子对于旅
行的启蒙认知，也对我之后所从事的职业产生了深远的影响。2017 年 9 月，
我不知道第几次来到曼谷，如今已不用在偏远的青旅中与其余 11 个人共
享一个房间，现在吃一顿饭的钱甚至就超过了我当时一个月的旅行资金，
庆幸的是，10 年已去，我仍然保留着当初那份勇敢和对于未知世界的向往。
这里是"三天两夜指南"诞生的地方，也是我梦想开始的地方。

小岛说：

曼谷，是我开启东南亚旅行的第一站。很感谢浩睿，他从宗教、建筑、艺术、
设计的角度给我这个深度文艺爱好者描绘了一个另类的曼谷，让我从此爱
上了东南亚，也让我的认知越来越完整。

小岛说：如果你常住曼谷，那么这是你了解设计性价比最高的地方，只需要600泰铢的年卡，近20000本书都可以进入你的私人书单。市面上最流行的独立杂志，比如全套的 *Magazine B*、*Monocle* 的 *City Guide* 一应俱全。

TCDC 里的学习空间　图 / 小岛

周五 10:45
TCDC：设计乌托邦

每一座城市都有一个文艺青年的乌托邦。曼谷，这座血液里自带文艺与创新气质的城市自然也少不了。TCDC（泰国创意与设计中心）便是这样的存在。热带地区似乎更能将创意与热情发挥到极致。Ins-tagram 风格的植被搭配线条分明的建筑，使得这里成为中国游客"攻占"曼谷后，指南君能为大家找到的最后一片"净土"。

TCDC 由泰国旧邮政总局大楼改建而成，整座中心的设计更像是与历史的一次对话。这座新与旧交织的建筑，室内大多采用了模糊、半透明甚至发光的材料。这里会定期举办小型展览，游客在网状的资料空间里可以阅读多达 18000 本的设计图书及杂志，设立于此的亚洲最大材料图书馆收藏了近 2000 种材料样本。最吸引人的是，几乎每周，TCDC 都会邀请各个领域的国际专家，在这里开展主题性的研讨会，每一个人都可以在这里与他们深入探讨关于创意、设计，以及艺术的话题。

- The Grand Postal Building 1160 Charoenkrung Road Khwaeng Bang Rak
- 周二—周日：10:30—21:00
- +66 2 105 7400
- 人均 20 元人民币起

浩睿说：这里是我每次来曼谷时，写稿工作的私藏去处，充满设计感的空间、整洁的座位、大量优质的杂志和设计图书，只需要约 100 泰铢的入场费，我就能安静专注地工作一整天。许多年轻人和我一样将这里作为他们精进技能或者迸发创意灵感的工作室。这让我每每感慨：有这样一个地方，曼谷想不成为设计之都都难。

周五 13:04
曼谷艺术文化中心：人人都是艺术家

在繁华的暹罗商圈，隐藏着一处全民艺术中心。这是一座面向曼谷市民开放的艺术文化空间，没有门票，位置绝佳，紧邻地铁站，交通非常便利。这里集合了公共艺术画廊、展览、特展、装置，以及文创、艺术商店。顺着白色螺旋形楼梯越往上，展品就越来越深入与抽象，表达的内涵也越来越丰富。当我来到 8 楼，展品几乎已经进入了魔幻的当代艺术世界。逛艺术展，也变得如同逛街一样，似乎人人都可触及，流连于暹罗商圈的你，不妨抽出一小时，逛一逛这个市中心的艺术文化中心。

- BTS National Stadium 站
- 周一—周日：10:00—21:00

浩睿说：这一栋楼几乎囊括了亲子艺术启蒙区域、普通居民的文化欣赏区域，以及热爱艺术人群的专业区域，每一个年龄段的人都可以找到适合他们的活动区域。地理位置绝佳，和地铁站直接相连，让艺术没有了门槛。

小岛说：在曼谷如何掏空你的钱包？在艺术文化中心里逛逛吧，从一层开始，密集的原创手工艺品小店，商品水平远超798。

在顶层俯瞰曼谷文化艺术中心　图/小岛

周五 15:30
廊 1919：油漆后的壁画

廊 1919（Lhong1919）中的廊其实是泰语中码头的意思。而这座极具中国特色的街区，就坐落在曼谷唐人街的正对面。这里曾经是泰国最大的航运码头，也见证了华人南下的历史变迁。一百年以来，华人在此经商，通过蒸汽船将货品由此转销至各地。后来随着大吨位的货船逐渐取代蒸汽货轮，码头渐渐没落。

直到 2015 年，年久失修的码头维修计划提上日程，当维修工人洗去油漆刮开残破的墙面灰浆时，却意外发现了大量精美的壁画。这些年代久远却依旧栩栩如生的壁画成了这个街区命运的转折点。2017 年年底，经过修缮后的码头以廊 1919 的名义对外开放，云集的咖啡店、设计师品牌店及画廊重现了华人在曼谷经商鼎盛时期的样貌。如果你想在曼谷清一色的泰式风情建筑中寻找一缕不一样的烟火，不妨前往廊 1919 转转吧！

📍 248 Chiang Mai Rd, Khwaeng Khlong San, Khet

Khlong San

🕐 周一—周日：08:00—20:00

☎ +66 91 187 1919

小岛说：泰国可能是中国人出门旅行唯一不用去唐人街吃中餐的国家……所以曼谷唐人街，就变成了新派的艺术中心。

浩睿说：泰国有很多火爆的中餐厅，比如××酒家，都是带有中餐元素的。

周五 18:08
Sala：可能是世界上最美的落日

Sala Rattanakosin Eatery & Bar 是一家创意菜馆，有泰式咖喱、辣酱混搭德国烤猪肉，有南非的烤鸡配着泰式传统香料，还有非常北欧"性冷淡"风的沙拉做前菜，你很难定义这究竟是一家什么样的餐厅。几乎不会为吃饭而排队的指南君，因为没有预约，却愿意提前两小时到这坐等开餐。

这家店最令人感动的，要数夕阳时分坐在餐厅里看落日了。Sala 有很大的落地窗，窗外可以看到湄南河和泰式三顶结构的郑王庙，坐在窗边，喝着传统的浆果酒，看着漫天云霞，金色的夕阳和寺庙顶的鎏金相映成彩。日落而息，曼谷的精彩却好像刚刚开始。

📍 39 Maharat Road,Rattanakosin Island, Tha Tian Pier

🕐 周一—周日：07:00—22:00

☎ +66 2 6221388

💲 人均约 300 元人民币

小岛说：这是我每次去曼谷都会去的店。第一次误打误撞，在开餐前一个小时排队等位，等位时我在屋顶的酒吧喝饮料，看到了夕阳下郑王庙的倩影。

浩睿说：这就是我说的能吃掉 10 年前一个月旅行资金的餐厅，近一年由于过多游客到访，服务虽不如从前，但是这里仍然是我每次到达曼谷后的必选。虽然店家说没有服装要求，但是穿着短袖短裤坐在当地人都身着衬衫晚礼服的餐厅里吃饭，也的确很尴尬。

从 Sala 餐厅拍窗外庙下庙和湄南河的
日落。这张图曾经是"三天两夜指南"
的微博背景　图／浩睿

周五 09:20
大城：断壁残垣，不灭之城

———

距曼谷 90 分钟车程的大城，是首都之外一个远离繁华的老城镇，来这里旅行也是一场历史与宗教的朝圣。1350 年后的 400 多年间，这里曾是大城王朝的首都，但 1767 年缅甸军队入侵泰国，将大城洗劫一空。现在只剩下马哈泰寺周围的"树包头"、拉乌拉纳寺等庙宇遗址，任凭前来参观的人们想象 300 多年前的盛况。

Tha Wa Su Kri, Phra Nakhon Si Ayutthaya District
+66 83 004 0423

小岛说：每一次看到断壁残垣，我都有说不出的伤怀和感慨，无论是古希腊的雅典神庙还是玛雅城邦。天道有常，不为尧存，不为舜亡。生命无常，每个人只是历史中的一粒沙，是非对错，功名利禄，最终什么都不会带走。

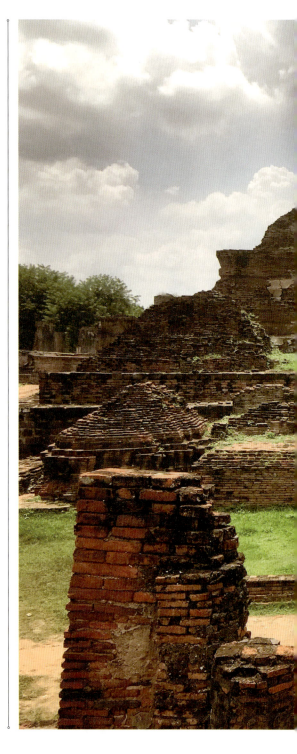

泰国大城府遗址（Ayutthaya），大城府是曾经的暹罗首府，18 世纪被缅甸军队攻破，几乎成为一片废墟　图 / 浩睿

SATURDAY
周六

仓库风格。作为夜市，这里售卖的主要是皮夹皮具、手工肥皂等泰国特色小礼品。入口处的 ASIATIQUE Sky 摩天轮是这里最大的亮点，上面可以俯瞰湄南河夜景，拍周围灯火通明的高楼大厦和河上星光点点的船只。

📍 2194 Charoenkrung Road, Wat Prayakrai, Bang Kholame

🕐 周一—周日：17:00—次日 00:00

📱 +66 02 1884488

💲 约 86 元人民币

河滨夜市里的极具代表性的摩天轮　图／浩睿

周六 15:04
加都加周末市场：City in the town

加都加周末市场是世界上最大的集市之一，9000 间店铺可以满足购物狂的所有欲望。从传统服装，到街头小吃，再到充满创意的手工艺品，很多设计系刚毕业的学生的第一桶金都来自加都加。我漫步在加都加周末市场，体会拿着市场上塑料杯装的冰咖啡的生活。看着小贩在 35℃ 的天气里把杯子里装满冰，缓缓倒入咖啡，然后笑容满面地把杯子递给你，是此行最开心的瞬间！

如果你曾经在 2013 年前来过加都加周末市场，相信你一定会对当时的火车市集印象深刻。因为地铁施工，火车市集从市场消失，但是一个史无前例的营地跳蚤市场在加都加周末市场中重生。复古的集市、怀旧老爷车以及美食嘉年华将重新点燃加都加。如果你热爱旧物，喜爱曾经的火车市集，开业后不妨来这里淘宝吧。

📍 Jatujak 10900 Bangkok

🕐 周二—周四：11:00—20:00
　　周五—周日：11:00—23:45

📱 +66 98 998 8580

小岛说：曼谷的动物园批发市场。

浩睿说：世界上没有一个市场能避开中国义乌商品的入侵，好在这里的美食为市场挽回了最后的颜面。

周六 19:24
河滨夜市：不止一圈的摩天轮

河滨夜市（ASIATIQUE The Riverfront）本是曼谷若干夜市中的一个，沿着长长的湄南河岸，建筑是仿古

在 JJ GREEN 夜市，淘到当地艺术家的手作画
图 /Gabriella_Y

夜市上诱人美烤鱼的小贩，价钱非常良心，
10 泰铢一堆贝类或者 50 泰铢一条烤鱼

风驰电掣的突突车是泰国的招牌交通工具，它总能在曼谷的混乱交通和大拥堵中，杀出一条血路

湄南河两畔的夜景

SUNDAY
周日

周日 00:20
MOCA：当代艺术居心地

曼谷的 MOCA（当代艺术博物馆）是东南亚地区唯一一座 MOCA，MOCA 曼谷是这座城市在亚洲设计领域的地位象征。这是一个以"白"为元素的艺术馆，白色的雕塑、巨大的佛像，还有门口充满现代感的白色莲花。博物馆共有四层，主要以展出泰国艺术家作品为主，很多是宗教元素的当代化，只在顶层的一个小展区内有欧洲作品。

我一直认为展品的质量与美术馆的名气成正比，但是这个只属于泰国的美术馆，却是我们此行内心最宁静的一个地方。博物馆里拍不出美照，却有真正的艺术。我喜欢这里一幅彩色的《云》，最像在曼谷的心情。

📍 499 Kamphaengpet 6 Road, Ladyao,Chatuchak
🕐 周二—周五：10:00—17:00
📠 +66 2 016 5666—7
💲 门票约 50 元人民币

小岛说： 我最喜欢的一幅画是 MOCA 里皮皮岛的一幅，画着一条开满鲜花的小径，旁边就是大海，仿佛走着走着，就可以走进画中。

浩睿说： 这里布展比较慢，固定展品较多，非常适合拍照！上一次拍的照片现在微信头像还没有换完一轮。这里距离廊曼机场（廉航机场）非常近，如果你从廊曼机场进出不妨顺路去看一下。

MOCA 里浩睿和小岛最喜欢的画作　图/浩睿

周日 12:30
Chilli Thai：泰辣

Chilli Thai Restaurant 是一家颜值颇高的店，虽然藏在商场的地下一层，但是墙上泰国传统编织花纹的装饰、黑亮耀眼的柱子，会让你在商场的众多餐厅中发现它。如果之前的落日酒吧是走融合菜路线，那这里的泰餐绝对地道。就像它的名字一样，Chilli Thai Restaurant，绝对够辣，绝对够味。

回来之后，我们还无比怀念这间店，甚至想起当天吃的冬阴功汤、剁椒鲈鱼就想马上飞回曼谷。不过这里每一道看似温文尔雅的菜，都暗藏"辣度"。

📍 991 Rama I Rd, Pathum Wan
📠 +66 2 1294761
💲 人均 150 元人民币

小岛说： 在泰国人的字典里，就没有"微辣"两个字。从此我们自创了一套"辣度系数"，浩睿会给他吃到的每一个辣菜打分，然后我在此基础上 +3，再决定，要不要吃这道菜。

浩睿说： 应该把小岛扔到湖南或者四川待 3 个月。不过这里的饮料造型真的很有趣！

周日 14:08
Open House：曼谷的"诚品"
———

作为东南亚新兴的设计之城，曼谷有不少规模宏大、像当代艺术馆一样的设计书店。Open House 就是曼谷的"诚品书店"。绿色和木质是这里的主旋律，房顶的 9600 片叶子是设计师用 6 个星期的时间手绘制成，他们用这种方式让孩子们实现"森林里读书"的梦想。这里的空间支撑很少用柱子，而是用镂空的几何花纹的塔承重，正午的阳光洒进大厦里，整体通透。

📍 Level 6, Central Embassy, 1031 Ploenchit Road,Pathumwan

🕐 周一—周日：10:00—22:00

📱 +66 2119 7777

小岛说： 逛书店比逛商场还要可怕，每一次我都会掏空钱包。最后看到行李箱中的旅行杂志、设计杂志、泰国当地人写的旅行指南，还有可以用到 5 年之后的日记本……这应该就是我对 Open House 最好的支持。

浩睿说： 这是一家有现场音乐伴奏的书店，周末人会比较多，可以休息的区域并不充裕。

周日 19:07
路边摊：这可能是我来曼谷的全部动力
———

除了著名的泰餐店，曼谷另一个美食阵地就是随处可见的路边摊，而且曼谷路边摊不需要特色推荐，每一个都是货真价实。无论你是海鲜爱好者，还是水果狂人，下一个街口，就有你的所爱！

曼谷简直就是爱水果姑娘的天堂，路边随便就可以看到杧果、木瓜、番石榴、菠萝、西瓜等热带水果，这些真是上帝送给人类最甜蜜的礼物。来曼谷，不就是为了吃得过瘾。

小岛说： 曼谷是水果的天堂，也是地狱，对 80% 的热带水

果都过敏的小岛，有木瓜和火龙果就够啦！

浩睿说： 2018 年春天去曼谷，发现路边摊已经越来越少了，趁着消失前，捕捉在曼谷最幸福的瞬间。

Open House　图 / 浩睿

曼谷的街道上，曼谷几乎已经是东南亚经济发展最大的城市之一了

住在曼谷

曼谷柏悦

曼谷的酒店琳琅满目，除了即将开业的艾迪逊，在过去的这一年中，刷爆朋友圈的要数 2017 年 5 月开业的曼谷柏悦了。酒店地理位置绝佳，楼下就是以文艺风格著称的 Central Embassy（盛泰领使）商场，独具设计感的酒店大楼，有着丝毫不逊色于艾迪逊酒店大楼的外观。酒店充分将西方风情与曼谷融为一体。散落的庭院，独具一格的视角与风格使得柏悦酒店成为曼谷奢华酒店中的绝对新贵。

📍 Central Embassy, 88 Thanon Witthayu,
　 Lumphini, Pathum Wan

📞 +66 2 012 1234

💲 每晚 1700 元人民币起

曼谷英迪格酒店

曼谷英迪格酒店已经是一个被推荐过无数次的酒店，位于曼谷中心区域的使馆区内，作为一家设计酒店，英迪格善于将当地元素与设计结合，酒店大堂中有古老的三轮车，客房中有复古的金属铆钉箱做的床头柜，走廊里还有暹罗猫伸懒腰的彩绘，而最吸引眼球的要数位于酒店 24 层的无边泳池，坐拥曼谷最繁华的都市景观，已经成为酒店控前往曼谷的必打卡地点。

📍 81 Wireless Road, Pathumwa

💲 每晚 800 元人民币起

英迪格酒店房间外的曼谷城景　图 / 浩睿

坐直升机航拍纽约下城世贸中心
周围的夜晚　图/Kimi Zhu

作者：文逸 & 佳妍
最认真的时尚生活方式博主
公众号：suitandtie

三天两夜的纽约

这里不是真放荡

———

三天两夜的纽约，是浩睿、小岛和朋友文逸、佳妍共同完成的指南。对我们来说，纽约是一个光怪陆离的名利场，对于在纽约读书的她们来说，纽约则是学习、生活的地方。此时，布鲁克林的嬉皮士还在欢快地唱着歌，曼哈顿的白领们也在一遍又一遍地算着报表，媒体人殿堂级的学校——哥伦比亚大学的学生们也正在赶着论文……纽约，一个交织着文明、财富、贫穷、欲望的城市，全世界人都爱纽约。

———

时尚＋大都市＋冲撞＋亚文化

纽约的城市夜景非常动人，站在帝国大厦顶层，俯瞰 Y 字型灯火通明的纽约，是我对纽约的第一印象。那一刹那，我觉得自己站在世界之巅。彼时，我刚刚从互联网公司辞职，还没有成为旅行编辑。时过境迁，我想重回纽约，站在帝国大厦的顶层迎接人生的下一个阶段，对自己说，well done!

小岛说：

FRIDAY
周五

周五 10:36
The Butcher's Daughter：素食屠宰场

这家 brunch（早午餐）店有个很可爱的名字叫 The Butcher's Daughter，几乎每个纽约人的周末，都是从 brunch 开始的，牛油果吐司、鲜榨果汁、纯素食的生活。街角对面就是他们自己的零食杂货铺，都是店主手工制作的小东西，游客可以把美味带回家。

📍 19 Kenmare St, New York, NY, 10012
🕐 周一—周日：08:00—22:00
📞 212 219 3434

周五 11:30
MOMA：曼哈顿的博物馆

哪里可以代表纽约？曼哈顿的呼风唤雨，布鲁克林晚上的纸醉金迷……吃完纽约版的 brunch，三天两夜的纽约从曼哈顿开始。

钢筋水泥丛林中的博物馆，高不过三四层，相比世界其他三大博物馆，MOMA 真的非常迷你，不过一个博物馆的水平高低，取决于它收藏了谁的作品。这里收藏着凡·高最著名的《星夜》、毕加索的《亚威农少女》、马蒂斯的《舞》，还有达利的《记忆的永恒》……每一件作品，都是当代艺术的一座高峰。

📍 11 West 53 Street, Manhattan, NY 10019
🕐 周一—周五：10:30 —17:30
📞 212 708 9400

小岛说：说到世界珍品最密集的博物馆，纽约的 MOMA 一

定位列前茅，它以自己四层楼的体量（可能快快走只要两个小时就能走完），收藏了许多世界一流名画，每个展厅都有惊天动地之作。不要错过 MOMA 的周边，也堪称世界博物馆之最。

MOMA 内景图，几乎是世界上名画最"密集"的美术馆
图／佳妍

周五 14:15
从 MOMA 到帝国大厦：纽约天际线

从 MOMA 出来，向南走，不远处就是纽约的各种地标建筑。纽约的交通非常糟糕，每个红绿灯前，都排满了黑色轿车和黄色出租车。沿着第六大道前行，不多时就会看到洛克菲勒中心、钻石区、时代广场……从这转到百老汇街，能看到纽约时报大厦、帝国大厦，甚至再往南能到熨斗大厦，这些如雷贯耳的著名建筑都在步行范围之内。

一路走一路拍，虽然这些画面在电影里出现过无数次，但我亲眼见到时依旧非常惊艳。纽约之所以成为纽约，正是因为有这些摩天大楼中的商政精英，以及路上行色匆匆、朝气蓬勃的年轻人。

小岛说：我之前实习的时候，写过一篇文章，里面一个一分半钟的视频只讲了 4 个故事，纽约的黄色出租车、路人、各式各样的门，和一样标识的星巴克。当年我看这个视频只觉得是在讽刺星巴克的流水作业，现在却觉得，星巴克是美式文化的代表，不同的人、不同的事都能容纳在一个品牌之下，这才是品牌的力量。

纽约街头，两个踩三轮的黑人小伙
图 /Harry Zhang

在小巷里，拿着大纸箱的路人
图 /Harry Zhang

纽约中央公园里相互依偎的情侣　图 /Harry Zhang

独立书店地下一层，有很多很好的旅行指南　图 / 佳妍

周五 16:07
McNally Jackson：最美独立书店

"美丽"也许是描述 McNally Jackson Books 的最好形容词。这不只是指它从外观上呈现出来的一种开放姿态，更是指这家书店的坚持。纽约的独立书店在经历了大型书店、网络、电子书的冲击之后，存活下来的并不多，McNally Jackson Books 是其中一家。2018 年也进入了它的第 12 个年头。

书店的男女主人都是从事编辑工作的，书店里的书也大多是世界各国的文学作品。店里还定期举办文学沙龙或者读书会，是很多初到纽约之人快速了解这个城市的人文风貌、迅速融入这个城市的最佳方法。

📍 52 Prince St, New York, NY 10012
🕐 周一—周六：10:00—22:00
　　周日：10:00—21:00
📱 212 274 1160

小岛说： 我从这家书店买到的独立杂志包括 *Monocle*、*The Escapist*、*Forecast*、*Cereal*、*Kinfolk*、*Apartamento*、*Design Anthology*，还有一些不出名的杂志，甚至只出了一

两期的 *A City Made by People*、*A Person*、*Musotress*、*Minimalissimo* 等，美国对独立杂志的包容已经到了登峰造极的境界，这里甚至还有新加坡的中英双语杂志——*LOST*！这就可以解释为什么我每一次旅行行李箱都会超重……

浩睿说： 不知道这是《三天两夜指南》推荐的第几个全球最美书店了。

周五 20:00
百老汇：灯红酒绿

世界上有两个地方，如果你到了这里却没有买一张票去看歌剧，就是对这里的"鄙视"：一个是伦敦西区，另一个就是百老汇。从《音乐之声》到《妈妈咪呀》到《魔法坏女巫》，百老汇几乎代表世界歌剧的最高水平。最初这里是纽约的娱乐场所，戏院、夜总会林立，绝对的灯红酒绿是非之地。1959 年，《音乐之声》第一次在此演出，社会各个阶层流派都接受了这种艺术形式，从此百老汇进入了高雅艺术之流。

📍 729 7th Avenue, 6th Floor，New York, NY 10019
📱 212 541 8457

纽约街头的路牌　图 /Harry Zhang

走过街头的纽约人 图 /Harry Zhang

MOMA 窗外的纽约　图 /Harry Zhang

SATURDAY
周六

周六 10:35
High Line：在城市中穿梭的花园

High Line 是纽约市民休闲的首选，它其实是一座由废弃的地铁轨道改造而成的空中花园，如今已经成了纽约人心中的骄傲。High Line 始于 Gansevoort Street，向北到 34 街，整个公园有 9 个入口。

公园在设计规划上，保留了原有轨道。顺着轨道走，你会遇见哈德逊河的美景，还有曼哈顿西城的摩天大楼，一路上还有不少装置艺术品，有时候甚至还会遇到街头艺人在作画，想当一回地道的纽约客，就别忘了去 High Line 走上一圈。

📍 Chelsea, New York, NY 10014
🕐 周一—周日：07:00—22:00

小岛说： High Line 是纽约的一个创举，它成功地让高架桥成为城市里的活动空间。全世界很多城市拷贝这个模式都不算成功，总有一种城市高架桥变成人行道的感觉。为何纽约的 High Line 得到赞誉一片？还是因为这里将各种雕塑与周围社区完美地结合了起来。

周六 14:45
布什维克：布鲁克林的艺术乌托邦

游客来到布鲁克林，第一件事是拍一张经典角度的曼哈顿大桥；看远处曼哈顿的高楼大厦和布鲁克林砖红色的亚文化"仓库"画廊之间巨大的反差美；去大桥下的公园坐旋转木马，体会超级大都市送给孩子们的单纯快乐。也许，这些就是布鲁克林的魅力。1898 年之前，布鲁克林是一个独立的城市，后来才被划入纽约市。时至今日，布鲁克林区域的人口仅次于芝加哥、洛杉矶和纽约。

布什维克就是布什维克街区涂鸦作品的集中地之一，街道两旁的墙壁上分布着成百上千幅街头艺术家的涂鸦作品。这些大多都是艺术家们的个人创作。涂鸦越来越潮，许多商家甚至会邀请涂鸦艺术家去为他们的店面设计涂鸦。不过这里的涂鸦都是"临时作品"，不出几天，新的艺术家又会创作出新的作品。

小岛说： 去布鲁克林的时候，我在曼哈顿大桥下面拍了一张对比图，或者说，这张图直接引导我走上了旅行编辑的路。当时的文案是："从这里去布鲁克林的艺术区，感受包罗万象的创造力，带回对北美流行文化更深的见解，启程与归来，都在这里。"

浩睿说： 其实当小岛离职前往纽约的时候，我正好因为肺炎住院了，直到她上了飞机我才告诉她，对于她的这次美国之行，我印象最深的就是当我躺在病床上时，她发来的那张曼哈顿大桥的照片。

周六 16:50
Artists&Fleas：仓库里的跳蚤市场

Artists & Fleas 最初只是 Williamsburg 一座仓库里的周末跳蚤市场，后来逐渐演变为一家聚集了纽约本地手工艺者和艺术家的小市场。这里售卖的小东西几乎都是艺术家们自己设计制作的，像一些小配饰、护肤品等，绝对独一无二。除了这些新奇的小玩意儿，黑胶、旧海报这种带点年代感的东西也是应有尽有。如果你是个复古爱好者，在纽约淘复古物件时可千万别错过这里。

📍 70 North 7th Brooklyn Williamsburg, NY
🕐 周六、周日：10:00—19:00
📱 917 488 4203

浩睿说： 比起这里的手工艺品，其实我更喜欢这里的冰激凌。不过用回收木材制作的手工艺品也非常有意思。

周六 20:30
Angel's Share：不能说的秘密

Angel's Share 是纽约最受欢迎的秘密酒吧之一，20 多年来屹立不倒，成了当地人推荐的必去 Lounge(休闲场所)。它位于日本居酒屋 Village Yokocho 内，因吧台顶上有个大天使壁画而出名。

它受欢迎的主要原因还是富有创意的调酒，特别是鸡尾酒。甚至有人说，这里售卖着纽约最高水准的鸡尾酒，推荐你尝试拿了大奖的鸡尾酒 Speak Low，两种朗姆酒作基酒，配上梅子汁和抹茶粉，一小杯就值得回味一整个晚上。

📍 8 Stuyvesant St, New York, NY 10003

🕐 周日—周三： 18:00—次日 01:30
　　周四： 18:00—次日 02:00
　　周五、周六： 18:00—次日 02:30

📱 212 777 5415

浩睿说： 不知道你是否喜欢寻宝游戏，这是一家非常难找的酒吧，没有标志，只有通过问询当地人才能找到。其实这家酒吧隐藏在一个日式料理店的后面，不过对于酒鬼来说，寻宝游戏最好的奖励就是这里又全又棒的酒单了！

布鲁克林的街头艺术，都是艺术家的自发行为，可能明天就换了另一幅画　图 / 佳妍

布鲁克林大桥，19 世纪建成时是世界上最长的悬索桥，透过它的钢丝网可以看到曼哈顿的摩天大厦　图 / 佳妍

SUNDAY 周日

周日 10:34
大都会艺术博物馆：艺术朝圣之旅

The Met，也就是大都会艺术博物馆，几乎每个到过纽约的人，都会来打卡。它坐落在纽约的第五大道与82街附近，全馆收藏了300多万件展品，单从数量上来讲就可以称为世界四大博物馆之一。

大都会艺术博物馆的馆藏来自世界各地，有中世纪的雕塑、油画，有埃及的木乃伊，也有现代艺术特展区。凡·高的《自画像》、莫奈的《睡莲》、埃及的丹铎神庙都是不容错过的佳作。除了这些作品，大都会艺术博物馆还有分量足够的临时展览，欧洲文艺复兴时达·芬奇和米开朗琪罗的佳作也会来此参展。

📍 1000 Fifth Avenue, New York, NY 10028
🕐 周日—周四：10:00—17:30
　　周五、周六：10:00—21:00
💲 门票是自愿捐赠，成人25美元
📱 212 535 7710

小岛说：大都会是纽约必不可少的一站，和大英博物馆、卢浮宫三足鼎立，以"年轻化"见长。比不过卢浮宫的静默雕塑和大英沉睡多年的木乃伊，我足够的年轻有活力还不可以吗？

周日 14:25
公园大道军械库：纽约时尚发源地

公园大道军械库（Park Avenue Armory）位于纽约曼哈顿公园大道643号，拥有超过5000平方米的欧洲式火车站大厅和数个环绕的展厅。这里的特别之处在于你可以找到一切有趣的事物，表演艺术、视觉艺术、体育赛事、展览、音乐会，你想到的一切，

在大都会艺术博物馆临摹真迹的艺术爱好者，这也是欧美博物馆最有魅力的地方之一　图/佳妍

都有可能在这儿举行。每年纽约时装周，都会有很多品牌选择在此走秀，这些傲娇的艺术家和时尚宠儿们，有着站在世界之巅的绝对自信。

📍 643 Park Ave, New York, NY 10065
📱 212 616 3930

小岛说：每年时装周，都会有无数人在此拍照与被拍，以求得到一线品牌的青睐。这可能是很多人心中丑小鸭变成白天鹅的最快方法。

浩睿说：这里是让曾经做生活方式小编的浩睿最头疼的几处地方之一，每年时装周到来之际，前线的时装编辑总是会发来一段似乎搭配去年的款式也没有任何问题的文字来，让我配图。正因如此，我下定决心还是老老实实做一个旅行编辑。

周日 16:50

纽约世贸购物中心：废墟旁的纪念

在纽约，不买买买怎么行？苏荷区有奢侈品一条街，可以满足女生们的一切购物心愿。曾经有一种说法：如果在苏荷都买不到，那只能说明这样东西还没有被发明出来。

在纽约众多的连锁百货之中，有一个车站购物中心的开业，让人觉得悲情却充满希望。纽约世贸购物中心，号称全世界最贵的车站室内购物中心，2016年8月投入使用。它本是一个中转车站，兼有商场功能。就位于纽约911国家纪念博物馆旁边，在商场的咖啡厅里，你甚至可以听到露天纪念馆里的泪泪水声。在沉默与悲愤中矗立的纯白色车站，像维

京人出海猎获的鱼骨，也像一只和平鸽。商场本身没有什么特别，110多家品牌。人们来到这里，为的是回望历史，珍惜和平。

📍 185 Greenwich Street New York NY 10007

🕐 周一—周六：10:00—21:00
周日：11:00—19:00

📱 +1 212 284 9982

小岛说： 本来我是拒绝去911纪念馆的，因为这份记忆太沉重。可是在曼哈顿闲逛，正好路过了这个唯美的建筑。我在这里听到了泪泪水声，看到了那么多名字，留下了纽约此行"最黑色的记忆"。即使后来我在世贸中心疯狂购物也无法平复心情，就买了一件黑色T恤，上面写着"love & peace"。

纽约世贸购物中心内景，白色的建筑取了和平鸽的寓意

大在纽约 图 /Harry Zhang

纽约地铁上的行为艺术家

The Nomad Hotel

The Nomad Hotel 坐落在繁华的百老汇大街上,建筑为一栋巴黎美术学院风的大楼。法国设计师雅克·加西亚(Jacques Garcia)以小时候在巴黎住过的公寓为灵感来源,拷贝了一个欧洲版本的纽约。这里很难得的一点是把书当作家具一般陈列着,即使不是住客也可以来看看这座双层图书馆,去屋顶酒吧喝一杯鸡尾酒,看看城市夜景。这里的食物也很美味,Nomad 餐厅的主厨之一曾是米其林三星餐厅的老板,于是这里被称为曼哈顿最容易遇到名人的地方。

📍 1170 Broadway, New York, NY 10001

📠 212 796 1500

💲 每晚 2450 元人民币起

纽约的夜,左边是布鲁克林,右边是曼哈顿,布鲁克林大桥和曼哈顿大桥横跨哈德逊河 图 /Kimi Zhu

因为
刚好遇见你

。厦门：文艺＋设计＋美食＋摄影

。意大利 / 罗马：教堂＋电影＋时尚＋艺术＋美食

。法国 / 巴黎：艺术＋电影＋时尚＋甜品

。捷克 / 布拉格：浪漫＋拍照＋卡夫卡＋电影

鼓浪屿中的老建筑，已经被评为世界文化遗产的鼓浪屿，至少有 300 多栋这样的小洋楼　图 / 不羁的查哪

三天两夜的厦门

走出鼓浪屿，才是真厦门

三天两夜的厦门，有学生时代的鼓浪屿、厦大白城的纯爱小清新，有旧物仓、吉治百货的旧花砖、老格调，有不在书店打造的干净避世的精神家园。学生时代就很喜欢厦门，觉得那是一个充满浪漫气息的城市；工作后更懂厦门，在这里看看海、喝杯奶茶就能宅一整天。厦门的时光很慢，爱着就不想离开。

文艺 + 设计 + 美食 + 摄影

小岛说： 学生时代，厦门是我最想去的地方，因为当年看到最美大学的介绍，知道从厦大骑车，走着走着就到了海边。毕业后才第一次去厦门，那真的是一个让我觉得舒服的地方，在鼓浪屿碰到了一个刚刚 18 岁在读大一的小朋友，我们俩一起跟着地图找老洋房，看着他在那边捡小螃蟹，我找角度拍阴天中依然美丽的大海。那时觉得 18 岁的小朋友有无限可能，一切还都是最初的模样。人无再少年，还好我过去的 8 年没有虚度。

FRIDAY 周五

周五 10:20
鼓浪屿：热爱还是嫌弃

对于一些人来说，来过多少次厦门，就到过多少次鼓浪屿，10 年前岛上的张三疯奶茶、苏小糖、赵四小姐的店早已经火遍全国。对于另外一些人来说，鼓浪屿是个一生只需去一次的地方，尽管去年被评为世界遗产，但是愈加商业化的模式，使得真正的背包客越来越嫌弃此地。

不过鼓浪屿永远有惊喜，比如晓学堂·虫洞书店，创始人晓风为鼓浪屿这个"万国建筑博物馆"提供了一个"说明手册"，书店中有超过 3000 册书籍讲述鼓浪屿的前生今世，以及租界时期各大使馆的建筑风格。

更不用说被称为钢琴之岛的鼓浪屿，全岛 2 万人口却有 5000 多架钢琴，还有著名的钢琴博物馆。夕阳西下，琴声悠悠，鼓浪屿古老的故事，还在继续。

📍 晓学堂·虫洞书店：鼓浪屿福建路 34 号
🕐 周一—周日：09:00—22:00

小岛说：作为资深旅行编辑，我没有嫌弃鼓浪屿完全是因为在此遇到了一个很有趣的大学生。我们一起寻找名人故居，期待偶遇下一个老建筑。鼓浪屿的风景平淡无奇，但感谢萍水相逢的陌生人。

周五 16:08
不在书店：ONCE

"我在厦门，不在书店"，2012 年开业的不在书店凭借一己之力成了厦门的文艺地标，后来更是延展了童书馆等一众文化品牌。书店在华新路上，藏在思明老区的半山腰中，周围葱葱郁郁的有一大片树林。书店的英文名叫 ONCE，因为店主喜欢爱尔兰的这部电影。不过现在越来越多的文青游客来到店里，ONCE 则更多了一期一会之意。

相比市中心连锁的网红书店，这里选书非常严格，文学、哲学、社会学的典籍比较多，甚至在二层还有一个榻榻米一样的空间做"旧书阅读"。和很多独立书店一样，不在书店中也有两只网红猫猫。在这里，看书、喝咖啡、撸猫，就已经是一个完美下午，夫复何求？

📍 厦门华新路 13 号花园别墅
🕐 0592—2050813
📅 周一—周日：10:00—19:00

小岛说：在 2019 年 1 月 1 日，不在书店遗憾地关门，它成了厦门"很久以前童书馆"。就像老板说的，在 2012 年他是文艺青年，于是有了不在书店，但是 2019 年他为人父母，在人生的下一阶段，书店也变了一种方式。虽然书店已然关门，但作为厦门文艺地标，依旧是三天两夜心中最厦门的地方。

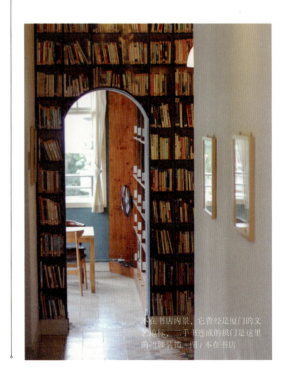

不在书店内景，它曾经是厦门的文艺地标，一半书连成的拱门是这里的招牌装饰。图/不在书店

不在书店的网红猫，是厦门慵懒气质的典型代
表 图 / 不在书店

周五 18:18
32HOW：同名复古咖啡馆

身边的朋友经常简称"三天两夜指南"为"32"，我们来到厦门之前，搜攻略时惊现一个"同名"咖啡馆。带着好奇的心情，我们推开了一个复古咖啡馆的大门。咖啡馆的名字源自它的地名，华新路32号，是一栋集英伦古典和法式浪漫于一体的复古老别墅，离不在书店只有3分钟路程。

32HOW 是一家复古咖啡馆，古董书架、木质桌椅，还有老唱片。咖啡杯走的也是奢华派路线，法国波旁王朝的白瓷杯，每一个餐具都不一样。杯子是店主在世界各地旅行时淘来的好物，客人可以自己决定今日份的咖啡是什么风格。

店里主要提供的是虹吸和手冲咖啡，没有常规店里的拿铁、摩卡，都是按照咖啡豆的产地命名，我手里这杯可能就来自遥远的南美洲。除了售卖咖啡，店家还有小型的阅览室、红酒品尝室和咖啡学院。如果运气好，还能赶上这里的咖啡课，听店家讲不同产地的咖啡之间的秘密。

📍 厦门市华新路 32 号

🕐 周一——周日：11:00—23:00

📱 0592—2916511

小岛说：将"三天两夜指南"称为"32"的小朋友现在却不在"32"团队里面，感谢她为这个品牌付出的一切，很想她。

鼓浪屿的老洋房，曾经有 13 个国家在鼓浪屿岛上建立使馆　图／木木

周六 10:03
旧物仓：现实版时光机

如果真的有一个时空隧道，你想不想穿越到 100 年前？可以来旧物仓看看，近 1000 平方米的老厂房收藏了民国到现在的生活器物。它是国内第一家旧物集成平台，创始人杨函憬也是十年前国内"旧物"文创的先行者。旧物仓（厦门仓）2012 年开张，主打复古美学风格，从装饰品到花艺、工具、小电器，整个仓库都是 vintage（古着）风格。很多新人选择来这里拍婚纱照，配着民国时期的旗袍和洋装，完成一次真实的穿越之旅。

📍 厦门市湖里区华美空间 A3 栋 116—126
🕐 周一—周日：10:00—18:00

小岛说：在旧物仓还不出名的时候，他们曾经使用了这样一个购票方法：不公开旧物仓的地址，在微博预约报名，然后店家再告诉游客地址，前去参观，听起来就像真的经过预约穿过了时空隧道。不过现在旧物仓也变成了热门网红打卡地。

周六 14:15
厦门大学：时光橡皮擦

时光是记忆的橡皮擦，这句话送给青涩的校园时光最合适不过，在被称为全国最美校园之一的厦大，你骑着单车就能走到海边。校园里的芙蓉隧道有 1 公里各式各样的涂鸦，承载着各种关于爱与离别的誓言，还有一个主题叫作星空，可以拍出夜晚繁星点点的感觉。我一直觉得在旅途中，大学的景点是最质朴而多情的。无论是独自一人还是与恋人一起，有些时光、有些感觉永远不能复制。花有重开日，人无再少年。

📍 福建省厦门市思明区思明南路 422 号
📱 0592—2180000

小岛说：属于小岛的私人旅行清单除了独立书店，另一个就是大学，从牛津剑桥、哈佛斯坦福到清华北大，甚至是厦大，每一所大学气质不同，但给人的感觉很类似，干净、简单，尚未被世俗所打扰。

周六 18:36
SKY 山顶餐厅：Yes，I do

周末夜晚推荐这家餐厅，是因为它在厦门美食圈被称为"最适合求婚"的餐厅，也是厦门最高冷的餐厅，每年只营业 3 个月，每天只接待 5 桌客人。SKY 的私家院子里有一大片草地，二楼的天台可以直接看到大海。哪怕不是纪念日、求婚等特殊时刻，这里的浪漫氛围也适合恋人来此听着海浪声看夕阳，你侬我侬。

如此美景更要有美食相伴，这里有主厨拿手的 37 C 鹅肝、新西兰羊排、龙虾焗饭等私家美味。餐厅的合伙人是乌克兰籍的明星厨师 Alexandr Nepop，他曾在世界厨艺大赛中获得佳绩，是乌克兰 30 岁以下最优秀的厨师长。因为餐厅的行政主厨 Jamal 是地道闽南人，所以这里也会有芦笋、沙茶、杧果等当地特色美食。

📍 思明区曾厝垵曾山 10 号
📱 17750607709
🕐 周一—周日：17:30—21:00
(需要特别说明的是，这家餐厅每年只在特定季节营业，一般是夏秋，需提前预约)

小岛说：来这里可能真的不是为了吃东西，就不要考虑味道、性价比……但它或许会比一碗沙茶面带来的幸福感更强。

厦门旧物仓的大门，后来北京、广州等地的旧物仓
也陆续开业，成为京广新的打卡地 图／旧物仓

厦大校园老校区，芙蓉湖和颂恩楼，芙蓉湖名字来源
于李光前的家乡南安芙蓉乡；而颂恩楼取自印尼天主
教徒校友的捐赠，颂主之恩之意 图／木木

周日 08:15
八市：市井里的老厦门

在厦门人眼中，八市才是厦门真正的本土地标，最厦门的集市之一。他们早上 7 点钟起床，就是为了买到刚刚上岸的海鲜，还有各种热带水果。如果喜欢自己做早餐，你可以从这里买一袋虾蟹，煮一碗海鲜粥。

如果你喜欢路边摊，那么八市街头的小食可以最大程度满足你的需求，煎糕、烤鱿鱼、沙茶面、烧仙草，厦门特色的小吃可以在此一一尝遍。

📍 思明区开禾路第八农贸市场
🕐 周一—周日：07:00—22:30

小岛说： 100 块钱吃遍厦门，重点推荐。

周日 10:30
阿吉仔吉治百货：新老商场

阿吉仔吉治百货在八市的尽头，如果你觉得八市是脏乱差的代表，阿吉仔便能将你重新带回文艺厦门。阿吉仔其实是一个百年老字号百货商场，主营馅饼、花生酥等糕点。2015 年，吉治百货开业，让这里成为一个货真价实的生活空间。

百货共有五层，一层是"吉日有饼"糕点铺，二层是一间"秘密花园"。三层叫"时光书店"，店里是配套的旅行、设计、生活方式的各种作品，和整个洋楼一样，是复古设计。四层的吉治咖啡、五层的乌龙茶室是两个休闲空间，吉治咖啡店里用 50 多种花色的老花砖做了装饰，六层装饰的花砖来自鼓

浪屿的别墅。无论是在一层买伴手礼，还是在五层喝茶、看书、发呆，阿吉仔吉治百货都为身在异乡的你提供了一个穿越的机会。

📍 思明区开元路 116 号
🕐 周一—周日：10:00—23:00
📱 0592—2027116

小岛说： 抛开旅行的概念，阿吉仔吉治百货确实给老牌地域性百货带来了新的灵感，老牌桂花糕、绿茶饼如何包上创意的外衣，把品牌价值最大化？这个商场的模式非常值得借鉴。

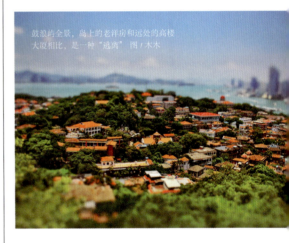

鼓浪屿全景，岛上的老洋房和远处的高楼大厦相比，是一种"逃离" 图／木木

周日 12:18
厦门植物园：海边城市的仙人掌基地

厦门，一个依海而居的城市，但是如此官方的植物园却成了微博上的网红打卡地。园中常规的红花绿草确实不是吸引游客的关键，雨林世界和多肉植物区才是可以拍出北欧 *Kinfolk* 风照片的重要区域。

16 公顷的雨林世界让人有一种身在"绿野仙踪"的幻觉，3000 多种仙人掌和 10000 多种多肉的植物园出现在一个海边城市中，也是一个奇迹。

厦门市思明区虎园路 25 号

0592—2024785

门票 40 元

小岛说： 本次厦门行最佳网红打卡地点，一个你 40 元就可以拥有的天然影棚。

周日 18:25
茶元舍：爱丽丝梦游仙境

来厦门，怎么能不品茶？茶钵、茶道都属于喜欢中华文化的传统少女，而以茶入膳，则是古怪精灵的美食家们的新选择。厦门有一家茶元舍，用爱丽丝梦游仙境一样的欧洲森林风，俘获了吃货们的内心。

创意菜品就是茶元舍的最大特色，每一道菜都有茶的元素，比如招牌的绿茶腊肉饭佐菌菇、红茶意式番茄海鲜汤、香苹松板肉佐铁观音，或者是甜品中的红茶覆盆子巧克力。中国茶元素加入西餐是黑暗料理还是融合创意菜？也许又有一种新的美食料理方式即将为你打开。

厦门思明区嘉禾路宝达大厦 104—105

4001505100

厦门植物园小道两旁那些生长的树木

住在厦门

厦门宸洲洲际：不像洲际的洲际

2018 年 4 月开幕的厦门宸洲洲际酒店坐拥厦门最美的海岸线之一——环岛路。素色的软装内饰与酒店中独具特色的亮蓝色搭配，让人眼前一亮。在酒店中绝大多数房间，都可以直接看见台湾的小金门岛，而位于酒店 6 层的无边泳池也是厦门的新晋拍照打卡胜地。

📍 思明区环岛路领事馆路 19 号

厦门宸洲洲际酒店的泳池

著名的罗马斗兽场局部 图/Nik

三天两夜的罗马

假日，才是打开这里的正确方式

罗马在中国有太多的浪漫意义，一部《罗马假日》让这座恺撒打造的英雄之城，成了奥黛丽·赫本的恋爱胜地。因为它是罗马，所以我们才在许愿池前抛硬币，在圣彼得大教堂中虔诚祈祷，在西斯廷教堂中发出惊叹。从 2000 年前的万神殿，到独一无二的梵蒂冈，再到每一年新建的当代艺术中心，2700 多岁的罗马，风华正茂。

教堂＋电影＋时尚＋艺术＋美食

小岛说：

罗马是我学生时代欧洲游的第一个大城市，那时的我，还不是旅行编辑，也没有做攻略的能力。跟着团听导游介绍，只觉得自己像进入了电影。第一次罗马之行已经忘掉了 90%，只记得在许愿池的时候我许了三个愿望，第一个就是重回罗马。确实许过愿之后就会想念那个地方，感谢后来重回罗马，美梦成真。

周五 10:20
万神殿：从 2000 年前走来

巴黎的先贤祠和罗马的万神殿都是万神庙，巴黎的还是仿照罗马版本所建。这是全城保存最完好的古代建筑，有当年世界上最大的穹顶，已有 2000 多年的历史，现在是一座教堂。万神殿由罗马帝国首任皇帝的女婿建造，用以供奉奥林匹亚山上的神灵，始建于公元前 25 年。人们来到这里，主要是为了看穹顶上的圆孔，天光从那里照进神殿。长眠在万神殿的人只有拉斐尔一位艺术家，他一个人独占了世人最高级别的尊重。

Piazza della Rotonda, 00186 Roma

周一—周六：08:30—19:30
周日：09:00—18:00

+39 06 6830 0230

周五 14:30
梵蒂冈：3 小时逛完一个国家

梵蒂冈之外的罗马，是意大利人与世无争的生活之地，简单闲适。可当你跨到梵蒂冈的地盘，一切都会变得不一样。几个世界级的天主教堂密集排列着，下面是数不胜数的游客和朝圣者，神情肃穆，脸上写着虔诚与平和。

梵蒂冈的朝圣之旅一般从圣彼得大教堂开始，它被称为天主教的象征，是世界上最大的教堂，也是每年圣诞节午夜弥撒的举办地。教堂里每一个雕塑都是教义、教宗的阐释。如果你只是为了拍照留念，米开朗琪罗设计的穹顶、《圣母哀悼基督》的雕像和贝尼尼设计的壁龛是教堂不可错过的三大经典景点。

梵蒂冈博物馆藏着这个国家最具价值的艺术作品，整个展览长达 7 公里，达·芬奇、米开朗琪罗、卡拉瓦乔、拉斐尔，博物馆中几乎收集了从 11 世纪到 19 世纪所有画家宗教画的代表作品。在这个数不胜数的艺术宝藏尽头，是米开朗琪罗的另一个杰作——西斯廷教堂，教堂面积很小，20 分钟就能转完一圈，但是没有人会错过无比奢华的穹顶，和墙壁上画着的《最后的审判》。

圣彼得大教堂

Piazza San Pietro, 00120 Città del Vaticano

+39 06 6988 3731

夏季：07:00—19:00，冬季：07:00—18:30

小岛说：作为一个纯粹的丹·布朗迷，进入梵蒂冈就如同进入了《天使与魔鬼》的片场。

周五 20:45
Glass Hostaria：女性米其林大厨

意大利从来不缺美食美酒、优雅的环境、甜蜜的气氛和动人的情话，Glass Hostaria 可以在一众餐厅中胜出，完全依靠它的主厨 Cristina Bowerman 刚柔并济的烹饪思路。餐厅装饰充满现代主义金属元素，动感十足；软装则更多地使用木质材料，亲和而温暖。Glass Hostaria 主打创意菜，在摆盘上，主厨也尽力满足现代食客的视觉系需求。在意大利旅行，你还会担心没有美食吗？

Vicolo de' Cinque, 58, 00153 Roma

+39 06 5833 5903

周二—周日：19:30—23:30

小岛说：在意大利旅行，吃吃吃才是正经事。

罗马的标准照之一，从台伯河的桥上拍梵蒂
冈的圣彼得大教堂

夜晚很多人在万神殿前广场散步、逗留，
欣赏街头艺术　图 / 陶然非

古罗马广场，也称古罗马市场，2000 多年前
的城市中心。

周六 10:30
博尔盖塞美术馆：花园中的巴洛克盛宴

有意思的是，我们的整个罗马旅行在不自觉地按照艺术史的时间顺序进行，从古罗马到文艺复兴，再到巴洛克艺术。博尔盖塞被称为"罗马私人收藏的女王"，如果在罗马只参观一家美术馆，那你可以毫不犹豫地选择博尔盖塞（Galleria Borghese）。贝尼尼、卡拉瓦乔、提香、鲁本斯，美术馆的外部建筑非常奢华，内部的画作也是浓墨重彩的风格。这个博物馆的管理非常严格，每个人每次只能参观两小时，而且还需要提前买票预约。

从博物馆出来，就直接到了博尔盖塞别墅，这也是罗马人心中最棒的户外空间，在这个将近80公顷的花园里，年轻人在此慢跑，老年人在此散步，享受休闲时光。如果是旅行者，最好的方法就是骑一辆自行车，从湖畔花园骑到锡耶纳广场，再去世界上最小的电影院 Cinema dei Piccoli 看一场《请以你的名字呼唤我》，这才是完整的意大利午后悠闲时光。

📍 Piazzale Scipione Borghese, 5, 00197 Roma
🕐 周二—周日：09:00—19:00
📱 +39 06 841 3979

小岛说：《请以你的名字呼唤我》拿奖无数，不得不说艾利欧的纯粹与任性正是意大利人的典型性格，而奥利弗那种深情又克制的气质，像是一剂治疗感性的良药。

周六 13:14
Fatamorgana：一本正经的冰激凌

在冰激凌界，没有哪个国家的地位可以和意大利相提并论。在电影里，赫本可以买一个甜筒，自在地边吃边逛，这就是罗马街头很多小女孩的日常。Fatamorgana 被公认为是罗马最棒的冰激凌品牌，店家会用应季食材，做出一些创意冰激凌口味，比如梨子焦糖口味。买一支冰激凌，像赫本一样坐在西班牙台阶上，看来往的行人，可能不经意间，你便也成了别人眼中的风景。

📍 Via Laurina, 10, 00187 Roma
📱 +39 06 3265 2238
🕐 周一—周四：12:00—次日 00:00
　　周五、周六：12:00—次日 01:00

小岛说："三天两夜版赫本"上线，意大利好吃的冰激凌太多，街头巷尾有本地人排队的肯定都是好店，所以整个国家没有哈根达斯。

周六 16:38
国家 21 世纪艺术博物馆：回到现代

在关于罗马的旅行攻略中，用文字来介绍当代艺术，本来就是一件暴殄天物的事情，除了博尔盖塞，全城还有几十家大小博物馆"封存时间"。

罗马有没有当代艺术？或许就在国家 21 世纪艺术博物馆（MAXXI）和罗马现代艺术美术馆里。MAXXI 是扎哈·哈迪德设计的作品，曾经是一座兵营，洞穴式的设计和室内采光的应用，让这里充满未来感。

📍 Via Guido Reni, 4/a, 00196 Roma
🕐 周二—周日（周四除外）：11:00—19:00
　　周四：11:00—22:00
📱 +39 06 320 1954

小岛说：想看当代艺术，还是转身去法国，甚至是英国和北欧。意大利的当家法宝还是文艺复兴和赫本的时代。

周六 21:20
Salotto42：沉淀佳酿

没有比在哈德良神庙周围的广场上喝酒更有情调的事了。Salotto42 就是一间极其复古的酒吧，内置 20 世纪 50 年代的灯饰，灯光昏黄，摆着老式的扶手摇椅，还有各种大部头的小说和画册。如果天气好，你就能坐在广场上喝一杯，看着有千年历史的神殿和来来往往的人群。城市从来都是一种动态守恒，每个人都只是它暂时的拥有者，没有永恒的英雄，不管经历了什么，从过去到未来，城市都生生不息。

📍 Piazza di Pietra, 42, 00186 Roma

📞 +39 06 678 5804

🕐 周一—周日：10:30—次日 02:00

小岛说：坐在有 2000 年历史的历史遗迹广场上，看周围的游客，还有吃着冰激凌走过的意大利小朋友，你会觉得是非成败转头空，只有风景依然，朝花夕拾之间，秋月春风，才是永恒。

建于 435 年的罗马圣母大殿，是罗马天主教的四大顶级宗教场所　图/陶然非

圣彼得大教堂的穹顶外部，长廊的顶上有112个教会史上的圣人

SUNDAY
周日

周日：10:25
花式广场：浪漫派的市井气息

相比意大利南部，罗马是一个傲娇的女王，主街道两旁都是霸气精致的宫殿，直到花式广场（Campo de'Fiori），你才能看到意大利人的烟火气息。白天小商小贩在此售卖比萨和零食，夜晚就变成了喧嚣的露天酒馆，是罗马市中心面积最大的露天酒吧。不过历史上的花式广场可不是集市，是著名的处决犯人的地方。比如，1600 年布鲁诺就因为"异端邪说"在此被处决，而布鲁诺的"日心说"和"宇宙无限理论"，在几百年之后，则成为近代科学的一座标杆。

📍 Campo de' Fiori, 00186 Roma

小岛说：我是专门为了布鲁诺去的这个广场，看到那个柱子，更觉得唏嘘。一直以来，我们都在追寻判断是非的标准，可标准有别，此刻你坚信的，真的是对的吗？只有时间才能证明一切。

周日 14:30
孔多蒂街：不能错过的买买买

在意大利，怎么能错过买买买？从地标性的西班牙台阶下来走到三岔路，就到了所有女生的梦想之地——孔多蒂街（Via dei Condotti），它几乎可以算是意大利的香榭丽舍大街。这里集中了全世界水平最高的设计师店和一线奢侈品旗舰店，Prada、Gucci、Ferragamo 一字排开。

即使是钱包羞涩的旅行者，也可以到这条街上令人期待的"希腊咖啡馆"（Antico Caff Greco）坐坐。

这是号称意大利咖啡鼻祖的咖啡馆，1760 年就开门迎客了，历史上无数名人都是它的座上宾。来过这里的名人清单里，包括但不限于果戈理、司汤达、安徒生、李斯特、瓦格纳……

📍 Via dei Condotti, 86, 00100 Roma

📞 +39 06 679 1700

🕐 周一—周日：09:00—21:00

小岛说：意大利是一个很适合我们买买买的地方，汇率、物价相对其他欧洲国家有一定优势。

周日 19:40
Aroma：俯瞰斗兽场

罗马此行的最后一站，我们反而来到了一般意义上的罗马旅行打卡地——古罗马斗兽场的旁边，Aroma 是 Palazzo Manfredi 酒店的屋顶餐厅，在此可以俯瞰斗兽场全景，是罗马公认的求婚胜地。餐厅有米其林主厨 Giuseppe Di Iorio 设计的创意地中海菜。

追随爱的故事，在罗马许下爱的誓言，这可能是旅行中最浪漫的事。

📍 Palazzo Manfredi, Via Labicana, 125, 00184 Roma

📞 +39 06 9761 5109

🕐 周一—周日：12:30—15:00，19:00—23:00

小岛说：最后还要特别嘱咐，像在巴黎那篇文章里说的——罗马的治安是欧洲第二差，米兰和威尼斯轮流做第三名……罗马的小偷也是招数颇多，数不胜数，防不胜防。

罗马斗兽场的内部，公元80年建成的非剧场是现代人了解古罗马文明的窗口 图/Niki

从圣彼得堡大教堂顶上俯瞰圣彼得广场，这里就是天
主教教徒心中的世界中心　图 / 白雪

这幅图的原名叫《巴黎爱之城》
埃菲尔铁塔一直都是城市的中心

三天两夜的巴黎

比浪漫更多的，是爱与希望

———

巴黎，是空气中弥漫的咖啡香，是甜品店里缤纷的马卡龙，是卢浮宫、奥赛浓墨重彩的油画、晶莹高贵的雕塑，也是埃菲尔铁塔旁夜晚闪烁的金光……无论对巴黎有多少幻想，第一次去巴黎，你一定会因为那里混乱的秩序、"欧洲最乱城市"的称号而大失所望。而当你第 N 次去巴黎，就一定会被那里的气氛所感染，哪怕亲历爆炸恐袭，骄傲坚强的巴黎人还是对生活一如既往地热爱并充满希望。

———

艺术 + 电影 + 时尚 + 甜品

小岛说：

我对巴黎的感情非常复杂。首先，它是我独自旅行去的第一个城市。和男朋友分手之前，他说自己最喜欢的城市是巴黎，我们约好了一起旅行。分手后，我就自己一个人去了这个城市，带着他送我的生日礼物——三脚架，在 2 月的凡尔赛宫（气温真的只有 0℃）看到灿烂阳光。回来后我学会了放下，开始了新生活，然后开始一个人旅行，后来几乎走遍了欧洲。可能有了当年的勇气，才有了现在的小岛看世界的爱与动力。

FRIDAY
周五

《日落之前》的海报经典拍摄角度，
他们坐船游塞纳河　图 / 微微轻羽

周五 10:30
奥赛美术馆：印象派大本营

即便走遍世界，我最喜欢的美术馆还是巴黎奥赛美术馆。奥赛与卢浮宫隔着塞纳河遥遥相望，是每一个艺术狂热粉丝必到之地。它由一个废旧的火车站改造而成，被称为印象派作品的大本营。这里收藏了莫奈、塞尚、高更等人的作品，那些画作几乎连成了整部20世纪的欧洲艺术史。凡·高的《罗讷河上的星夜》、莫奈的《日本桥》《睡莲》都被收入其中。

📍 1 Rue de la Légion d'Honneur, 75007 Paris
🕐 周二—周日：09:30—18:00，周四：09:30—21:45
📱 +33 1 40 49 48 14
💲 门票约 84 元人民币

小岛说： 这是我最喜欢的美术馆，大家请不要忘了在夕阳西下的时分，在二层侧面的钟表前拍一张剪影。

周五 14:15
塞纳河游船：解锁巴黎的第一个方法

在水上看巴黎，你可以坐在船上欣赏塞纳河两岸的博物馆、宫殿。大部分的游船从埃菲尔铁塔出发，从西向东，上行会路过奥赛美术馆、圣日耳曼教堂和巴黎圣母院，下行就是塞纳河右岸的风光，市政厅、蓬皮杜艺术中心、卢浮宫、大皇宫，最后又回到埃菲尔铁塔周围。一路虽然都是大理石灰白色的建筑，但此行串联起了法国近千年的历史。夜晚的风景则截然不同，变色的埃菲尔铁塔在夜空中非常耀眼。

📍 Champ de Mars, 5 Avenue Anatole France
📱 +33 1 42 25 96 10
💲 船票约 50 元人民币

小岛说： 方向感很差的朋友可以把乘坐塞纳河游船作为此行的第一站，后来你就会慢慢发现，巴黎的核心景点都在这个范围内。

浩睿说： 塞纳河游船对于时间紧迫的出差人士或者对艺术类景点不感兴趣的人来说，是了解巴黎的最佳方式。

站在二层的连廊拍摄美术馆的全貌，馆内罗列的作品犹如艺术长廊

奥赛美术馆的"地标大钟",之前是火车
站的报时钟表,也是博物馆的网红打卡地

从巴黎左岸拍亚历山大三世大桥
和大皇宫

周五 16:20
大皇宫：时尚前线

大皇宫一直是巴黎的时尚前沿阵地。每年两次的时装周热度还没有褪去，此起彼伏的展览又随时吸引着游客的眼球。它不是法国君王曾经居住的地方，而是法国为了举办 1900 年世博会兴建的，世博会结束之后，他们留下了埃菲尔铁塔和巴黎大皇宫。这里平时是法国独立艺术家作品的展览厅，古董和油画的水平不输奥赛。

📍 3 Avenue Winston Churchill, 75008 Paris
📱 +33 1 44 13 17 17
🕐 周一—周日：10:00—18:00

蒙马特高地的重要一站——红磨坊，
巴黎的夜生活才刚刚开始

周五 18:30
Le Mini Palais：为西餐正名

Le Mini Palais 是一家藏在大皇宫的餐厅，游客正好可以在大皇宫看完展览之后前去用餐，这里的招牌菜是三文鱼、鳕鱼，还有鸭肉。除了食品本身，餐厅的环境更吸引人，在阳台上，可以看到塞纳河畔夜色渐浓，巴黎的夜才刚刚开始。

📍 3 Avenue Winston Churchill, 75008 Paris
📱 +33 1 42 56 42 42
🕐 周一—周五：10:00—次日 02:00

浩睿说：外面有这样的好风景，这个餐厅看上去就很贵的样子。

周五 21:05
栖木屋顶酒吧：巴黎夜未眠

在巴黎，早早入睡是一种犯罪，各种酒吧在周五夜晚会成为城市中最迷人的地方。比如，栖木屋顶酒吧 (Le Perchoir Marais)，这个被称为巴黎最佳屋顶酒吧的地方是很多白领远离城市喧闹的避难所。站在顶层巨大的露台上可以俯瞰整个城市，大木桌和丰富的绿植让这里温馨无比。天气渐暖，夜猫子们可以行动起来了。

📍 33 Rue de la Verrerie, 75004 Paris
🕐 +33 9 77 40 14 00
📱 周三—周五：20:15—次日 01:30
　　周六：20:45—次日 01:30

巴黎街头的雕塑，整个城市都沉浸在一种艺术感中

巴黎地铁上的乘客 图 /Harry Zhang

地铁上睡着的乘客 图 /Harry Zhang

SATURDAY 周六

先贤祠的穹顶被法国人的笑脸覆盖着
图 /Kimi Zhu

周六 11:36
蓬皮杜艺术中心：巴黎文化工厂

世界上什么地方创意无限？除了英国的泰特美术馆，另一个就是法国的蓬皮杜，这个管道林立、炼油厂一样的地方是巴黎的文化工厂。虽然它在国际上享有盛名，但 1977 年建成之时却被巴黎人吐槽不已，和大皇宫、凡尔赛宫等法式奢华宫殿相比，它工业风十足（或者说粗糙不已）。蓬皮杜不只有先锋画作，它由工业创作、公共图书馆、现代艺术博物馆和音乐研究所四部分组成。从 1905 年至今，毕加索、夏加尔、安迪·沃霍尔的作品都是其镇馆之宝，游客也可以沿着管道"爬到"蓬皮杜的顶层，俯瞰巴黎全城。

📍 Place Georges Pompidou, 75004 Paris

🕐 周一—周日（周二闭馆）：11:00—21:00
周四延长到 23:00

📱 +33 1 44 78 12 33

周六 12:40
先贤祠：伟大的灵魂们

先贤祠是世界上最伟大思想的集合地。大仲马、雨果、左拉已在此做了多年邻居，居里夫妇也安葬于此。最神奇的是，在先贤祠的中心，生前观念相左的卢梭和伏尔泰却相对而眠。

左翼的平等、革命和右翼的自由、激进成为法国亘古不变的矛盾问题。教堂里另一个不能错过的名字是圣–埃克苏佩里，他是《小王子》的作者，名字刻在大厅的一根柱子后面，我们都愿意相信他驾着飞机去"夜巡"，回到了属于自己的孤独星球。

📍 Place du Panthéon, 75005 Paris

🕐 周一—周日：10:00—18:30

📱 +33 1 44 32 18 00

小岛说： 高中的时候看余秋雨的《行者无疆》，记住了他这句话，大意是他认为巴黎最重要的不是凯旋门、卢浮宫，而是先贤祠，因为那里长眠着世界上最伟大的灵魂。

周六 14:45
花神咖啡馆：品尝百年左岸味道

来到塞纳河左岸，你怎能错过那些有着 100 多年历史的咖啡馆呢？那些被波伏娃、萨特、海明威等人青睐的咖啡馆至今还在巴黎绽放着光彩。花神应该是其中颜值最高的一家，还有同名的电影《花神咖啡馆》。这家创建于 1887 年的咖啡馆，是萨特、加缪等存在主义大师的启蒙地，杜拉斯等人也经常去那里聊天写稿。自第二次世界大战之后，咖啡馆里的内饰就几乎没有变化。现在有很多喜欢哲学、文学的旅行者来此拍照留念。

📍 172 Boulevard Saint-Germain, 75006 Paris

🕐 周一—周日：07:30—次日 01:30

📱 +33 1 45 48 55 26

夜晚乘船游塞纳河，几乎是每个第一次来巴黎的人必做的功课。图／微款轻羽

周六 18:50
莎士比亚书店："日落之前"遇见你

这可能是世界上最著名的书店之一，因为海明威、乔伊斯的出现而成为巴黎的文化地标，又因为电影《日落之前》的男主角在此开签售会而走入大众视野。莎士比亚书店位于巴黎圣母院的斜对面，绿色的外墙，黄色的招牌，除了不时有背包客带着《尤利西斯》走出书店，还有那些打扮得非常精致的本地老奶奶拿着咖啡，在书店外的休息区看书。正因为处于这样的文化氛围熏陶之下，法国才一直以来在世界文化舞台上长盛不衰。

📍 37 Rue de la Bûcherie, 75005 Paris

🕐 周一—周日：10:00—22:00

📱 +33 1 43 25 40 93

小岛说：《日落之前》是一部直接影响了我爱情观的电影，也是一部奠定巴黎基调的电影。我很羡慕男女主人公在拉丁区边走边聊，畅谈宇宙万物和人生哲学，电影最后两人一起坐塞纳河游船，夕阳下杰西的侧脸和赛琳娜的笑容，可能就是爱情最美好的样子。

周六 20:20
Racines Des Prés：法国美食小天才

法国人喜欢追着一位大厨吃东西，比如大卫·兰赫（David Lanher），他曾是多家巴黎最佳餐厅的主厨，最近新开的 Racines Des Prés 又被《镜报》选为巴黎最佳的 20 家餐厅之一，而且是法餐代表。比斯开虾酱汤、黄油焗蛤蜊是小店的招牌菜，酥皮巧克力和可可冰激凌也不容错过。

📍 1 Rue de Gribeauval, 75007 Paris

🕐 +33 1 45 48 14 16

📱 周一—周五：12:00—14:00 19:30—22:30
　　周六：19:30—22:30

巴黎文化地标莎士比亚书店，和巴黎圣母院只有"一桥之隔" 图 / 珈 er

SUNDAY
周日

周日 09:04
巴士底市场：集市里寻找巴黎味道

很多人认为，在米其林三星吃 3 个小时的法餐，仪式感远大于食物本身。法国寻常人家的生活则藏在菜市场里面。巴士底市场是巴黎最重要的集市之一，规模巨大，在这里你能尝到米其林餐厅里几乎全部的顶级食材，牛肝菌、黑松露、鹅肝、帝王蟹……好多小吃摊都有法国的大爷大妈们排队。比如，口碑已经传遍全世界的法式烤鸡和西班牙海鲜饭，还有各式各样的奶酪，不过法式奶酪的味道比较重，可能你会不太习惯。

📍 13 Boulevard Beaumarchais, 75004 Paris

🕐 周一—周日：09:00—次日 02:00

📱 +33 1 42 72 45 48

周日 14:50
Pierre Hermé：甜腻少女心

来巴黎怎么能不尝尝马卡龙？拉杜丽（Laduree）以一己之力创造了这个风靡全球的甜品，而皮埃尔·埃尔姆（Pierre Hermé）则把马卡龙尽最大可能艺术化，甜品师本人也被称为"甜品界的毕加索"。Pierre Hermé 是 Laduree 的复线，比 Laduree 口味更清新也更多样，是高级版的"少女的酥胸"，不过说实话，绝大多数人觉得它"过甜"。

📍 72 Rue Bonaparte, 75006 Paris

📱 +33 1 43 54 47 77

🕐 周一—周日：10:00—19:00

拉丁区的一角，人们在窗边喝咖啡、看书，或者仅仅是在发呆　图 / 珈 er

小岛说： 如果没有时间专程来 Pierre Hermé 买马卡龙，还有一个地方你一定会经过，那里的马卡龙也不可错过。老佛爷二层有一个自家品牌的马卡龙摊点，整体来说没有那么甜腻，回国很久之后我还在想念这个味道。

浩睿说： 对于马卡龙真的没有什么绝对的热情，但我可以理解每一个拥有少女心的人对于它的热爱。

蒙马特高地的小路上，一个老人独自走向圣心堂的方向

周日 16:05
蒙马特高地：越混乱，越巴黎

巴黎人说，城市的混乱是属于 16—18 区的，其他地方都还算秩序井然。而蒙马特高地就是这样一个"铤而走险"的地方。圣心堂在地铁站内的一个山丘上，里面藏着世界上最大的耶稣画像，神张开双臂包容着每一个人。教堂的背后是小丘广场，法国当代街头艺术家的大本营，达利、毕加索年轻时都曾在此为路人画过肖像。还有巴黎的浪漫地标之一"爱墙"，其实这本是一面普通的深蓝色墙壁，但上面用 300 多种语言手写了"我爱你"。

圣心堂

📍 35 Rue du Chevalier de la Barre, 75018 Paris

📱 +33 1 53 41 89 00

🕐 周一—周日：06:00—22:30

小岛说：蒙马特高地，毫无疑问是巴黎治安最混乱的地方，如果你坐地铁出行一定要非常小心，不要选择穿过贫民窟，不然你可能以为自己去的是里约热内卢，而不是巴黎。

周日 19:26
Kong：亚洲艺术碰撞场

相比纽约和柏林，巴黎是一个慢节奏的老城。尽管每年最好的时装设计和艺术天才从此毕业，但整个城市还是有种 20 世纪的味道。近几年，巴黎把艺术上的灵感用在了美食上面。比如，Kong——《欲望都市》在法国的取景地之一，自 2003 年开业以来，一直就是社交媒体的宠儿。这是一间拥有全景天窗的网红餐厅，设计灵感源于太空舱，隔壁就是著名的路易·威登大楼，餐厅内部充斥着浓厚的日本艺伎文化气息，墙上画着各种脸谱，大量的金属元素和亚洲艺术、法式大餐组合出了一种碰撞之美。

📍 1 Rue du Pont Neuf, 75001 Paris

🕐 周日—周四：12:00—次日 02:00
　　周五、周六：12:00—次日 03:00

📱 +33 1 40 39 09 00

蒙马特高地的圣心堂，教堂的穹顶上画着的是全世界最大的耶稣像，这也是看巴黎全景的一个绝佳地点　图 /Roy

巴黎街景

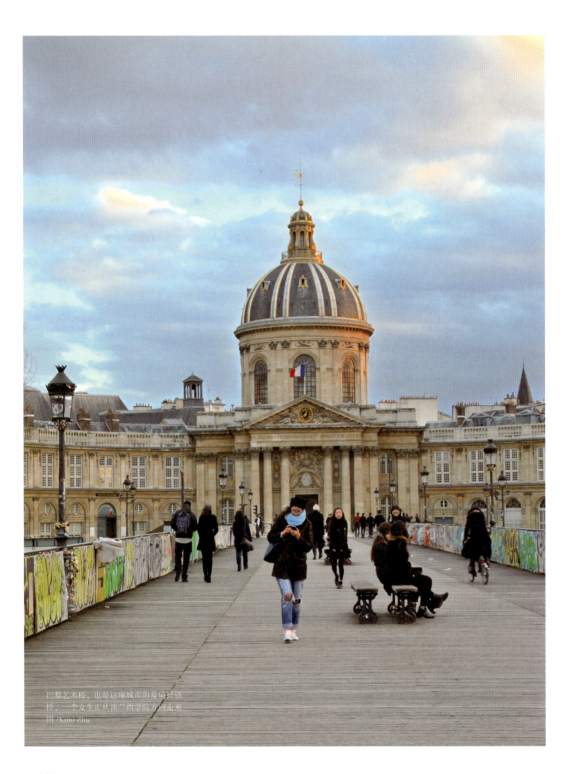

巴黎艺术桥，也是这座城市的爱情挂锁
桥，一个女生正从法兰西学院方向走来
图 /Kimi Zhu

繁忙的地铁站 图 /Harry Zhang

繁忙的地铁站 图 /Harry Zhang

巴黎瑰丽酒店

这是一家在世界政治、经济、娱乐、外交领域都有着巨大影响力的酒店，巴黎瑰丽。听起来它只是瑰丽大家庭中的一员，实际上是每年的巴黎名媛成年舞会"Le Bal"的举办地。之所以选择瑰丽，是因为它够优雅、够奢华。酒店的前身是一座壮丽的宫殿，在协和广场上，1758 年由路易十五出资兴建，已经有 250 多年的历史。它是完美的法式新古典主义建筑，柯林斯式柱廊和酒店外墙雕塑，都是历史遗迹。

酒店室内设计也绝对不容小觑，10 间特色套房中有私人露台，可以遥望协和广场和大皇宫，是由顶级时尚设计师卡尔·拉格斐（Karl Lagerfeld）设计，兼顾 18 世纪的华丽和 21 世纪的未来感。酒店一共有 3 家餐厅 1 家酒吧，最重要的是 L'Ecrin 餐厅，每天晚上只招待 22 位客人，但是年轻大厨克里斯托弗·哈奇（Christopher Hache）让它摘到了米其林星。这让原本以建筑设计为招牌的瑰丽酒店也成了一个美食居心地。

📍 10 Place de la Concorde, 75008 Paris

📞 +33 1 44 71 15 00

💲 每晚约 8000 元人民币起

瑰丽酒店的中央庭院，私密性极佳

无论如何也不能错过的卢浮宫，哪怕只
是骑自行车穿过广场

SHOPP-ING

巴黎购物
特别指南

金三角地区：
奢侈品中的巴黎

这个金三角地区和毒品没有半点关系。巴黎的时尚，属于香奈儿、爱马仕、路易·威登、古驰，属于香榭丽舍大街、巴黎春天、老佛爷，它们是法国奢侈品积累的百年文化。不过你如果想在巴黎购物时避开大量的中国游客，更低调的选择是去金三角地区，特别是蒙田大道和乔治五世大道。各大主流奢侈品的旗舰店一般开在蒙田大道，而且店面会有"特殊设计"，奢华程度不亚于美国的比弗利山庄。

📍 Avenue Montaigne，75008 Paris

巴黎街头，
贝立兹大院也在这条街上

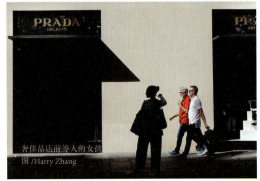

奢侈品店前等人的女孩
图 /Harry Zhang

玛莱区蔷薇街：
文艺购

普通的法国人日常通勤不会背着路易·威登，他们会去玛莱区，在一些小店里淘宝。玛莱区的意思是沼泽地，这里幸运地保留了很多 19 世纪的老街，早年是犹太人的聚集地，现在已经是时尚潮人的地盘，也是法国女孩购物的主要阵地。当香榭丽舍大街、巴黎春天都被购买奢侈品的游客攻占的时候，玛莱区的三四个街区留下了巴黎最后一片市井之地。

📍 Rue des Rosiers，75004 Paris

小岛说：在巴黎购物是必不可少的行程，常规购物也可以选择老佛爷和巴黎春天。毕竟那里 80% 都是中国导购，可以迅速地告诉你本季新品、经典款差价，用巴黎的价钱买到中国的服务。

我们都认为巴黎是极致浪漫，在爱墙下面和恋人拥吻拍照是浪漫；在塞纳河畔牵手散步是独有的巴黎时间；在埃菲尔铁塔下看灯光由黄变红再变成七彩；在巴黎跨年，烟花升起的时候许下愿望。巴黎有属于每个女孩的公主梦、少女心，有对美好的追求和向往，以及一颗经得住岁月的永远年轻的心。

巴黎某购物拱廊　图 /Roy

巴黎
防骗指南

小岛说：独自一个人在巴黎，被偷、抢、跟踪肯定少不了。毫无疑问，巴黎是全欧洲治安最差的城市（当然第二名是罗马）。在蒙马特高地，我亲历了被跟踪的恐怖，最后躲进一家药店里才得以逃生。游客在巴黎保护自己的最简单方法是尽量打扮得像个学生，运动鞋、帆布袋，且包包有拉链。毕竟学生除了一张学生卡，真的没啥可抢的……

另一个方法就是假装你听不懂英文——注意，是英文！因为那些专骗外国游客、跟你搭讪的人选择的都是英文。我在凯旋门门口亲历的最劣质搭讪方法："我捡到了一枚戒指，小姐，是你的吗？"送他白眼……

关于法语嘛……高冷的法国人通常在你用英文问路的时候，他会用法语回答……

浩睿说：景点门口有很多黑导游，他们经常会主动询问你，虽说中国人普遍不容易相信陌生人，但回以微笑，礼貌地告诉对方"No, Thanks"或许是最佳处理办法。

坐在巴黎圣母院后面的两个陌生人，他们各自做着自己的事情，却融合成了一道风景

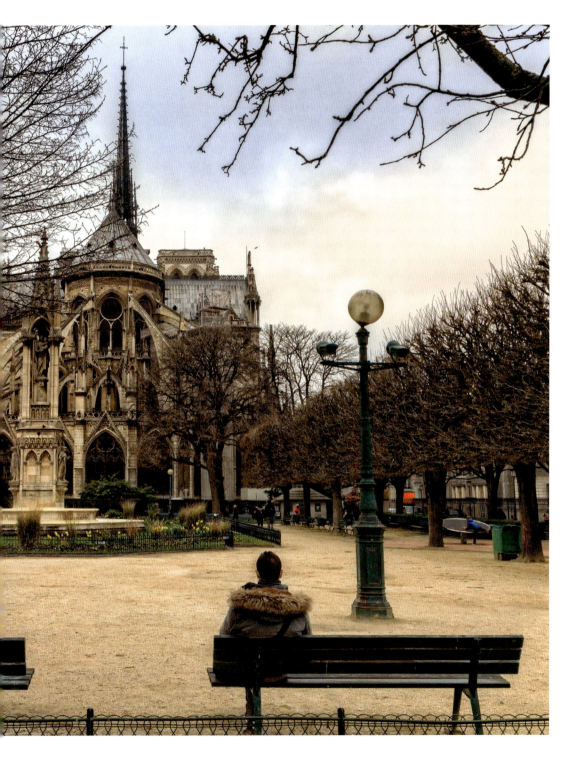

SANTINI
GARDEN

三天两夜的布拉格

红房子，老城堡，
有一个地方只有我们知道

布拉格没有许愿池，却有满城的红房子和卡夫卡的荒诞小说，有会跳舞的奇妙房子，也有在查理大桥往返走9次就能遇见爱情的美丽传说。这里是"中欧小巴黎"，空气中弥漫的都是幸福的味道。夜晚沿着伏尔塔瓦河走，想象鼹鼠故事的俏皮可爱，和老城堡里国王的威武霸气和风流八卦。布拉格，有一个地方只有我们知道。

浪漫 + 拍照 + 卡夫卡 + 电影

小岛说：

突然发现我所有关于城市的浪漫记忆都属于失恋之后。布拉格也是疗伤的一站，因为当时男朋友喜欢维也纳，所以我们策划了整个中欧音乐之旅。最后因为分手我独自完成。夜晚我一个人沿着伏尔塔瓦河走，路过查理大桥，听到一个中年男子拉小提琴，他眼睛望着老城堡的方向，如泣如诉。当时我买下了乐手的一张碟，想送给下一个爱上的人。后来和前任复合，在一年后再次见面时，我把那张碟送给了他。就像《爱乐之城》中的情节一样，最难的时候陪你走过来的人，往往不会和你走到最后。经历了这些相忘于江湖的爱情，祝彼此都安好。

被称为"欧洲建筑博物馆"的布拉格将各种风格的建筑巧妙融合，图中古拉斯大教堂也是布拉格广场的背景。图/紫陌

周五 10:20
老城广场：蔡依林的私家地盘

不知道你被蔡依林和方文山骗了多久，歌词里写到的布拉格黄昏的广场并没有许愿池。世界级旅行景点"老城广场"的魅力不在广场本身，而在于它周围的建筑。地标性的天文钟、泰恩教堂、扬·胡斯纪念碑，被印在无数明信片上。这个 15 世纪建成的哥特式双塔教堂（泰恩教堂）是广场的标志性建筑。

与之相比，天文钟就显得生动很多，它建造于 1490 年，至今无人可以解开它的奥秘。这个钟表的精妙之处在于每到整点，中间的报时小窗便会开启，上面雕刻的耶稣十二门徒便依次现身，旁边的动物也会报时。天文钟可以登顶参观，在上面能拍到布拉格红房子的全景。

📍 Staroměstské nám, 11000 Praha

🏛 +420 221 714 444

小岛说： *小岛私心推荐，天文钟是拍布拉格全景最好的地方，除此之外，还有一个明信片一样的角度——在查理大桥的一侧拍老城堡和伏尔塔瓦河。*

周五 14:36
查理大桥：来回走 9 次的传说

当地有这样一个说法，在查理大桥来回走 9 次你才算来过布拉格，这几乎成为旅行者来捷克的最初心愿。查理大桥始建于 14 世纪，设计师是彼得·帕勒。最初桥上并没有雕像，后来"征服者"哈布斯堡王朝希望捷克人信奉天主教，遂将耶稣、内波穆克圣约翰等 20 多个重要宗教人物的雕像安置在了大桥上，以期对捷克人进行宗教洗脑。

📍 Karlův most, 11000 Praha

小岛说： *我来之前想，真的有必要为这句话专门走 9 次吗？你只有来了布拉格才知道，查理大桥是从老城广场到城堡的必经之路，每日来回过河的机会，绝对已经超过 9 次。*

查理大桥的街头艺术家，正在为一个小女孩即兴作画　图／紫陌

老城广场上华丽的天文钟

布拉格城堡的圣维特大教堂局部，城
堡区最重要的一站　图/Anna.Q

周五 16:24
卢浮宫咖啡馆：跟着卡夫卡喝杯热巧克力

这应该是布拉格最早的网红餐厅或者咖啡馆，已经有100多年历史，传说当年卡夫卡经常来此喝咖啡，现在很多卡夫卡书迷都会来此打卡。这里的咖啡不算惊艳，但是被卡夫卡认可有"世界上最好喝的热巧克力"，配着芝士蛋糕、黑森林，就是专属布拉格的一个美妙下午。

📍 Národní 22, 11000 Praha

🕐 周一一周日：09:00—23:30

📱 +420 224 930 949

小岛说：喝了这杯热巧克力，我们开启《变形记》之旅。
浩睿说：Kafka是我使用的第一个英文名，可惜卡夫卡常来，我并不。

周五 17:34
哈维尔露天市集：中欧烟火气

市集文化在中欧达到顶峰，对于布拉格来说就是哈维尔露天市集，这里白天出售新鲜的蔬菜水果，傍晚可以吃到当地人做的烤猪肉、香肠，还有精酿啤酒。集市一直都是小朋友们的天堂，还有穿着小丑衣服的怪叔叔在此售卖提线木偶以及"鼹鼠"的玩偶。

📍 Havelská 13, 110 00 Praha

🕐 周一一周日：06:00—19:00

📱 +420 224 227 186

小岛说：如果时间正好，你可能会赶上世界上最好的圣诞集市。布拉格的圣诞集市每年都非常热闹，从11月1日开始，整个哈维尔露天市集就会变成"铃儿响叮当"的海洋。
浩睿说：在非圣诞集市期间，这里主要出售工艺品和水果，最受欢迎的则是冰箱贴。不过需要注意的是，这里一些商贩标示的水果价格是以100克为单位计算的价格，并非整盒的价格，购买前一定要问清楚哦，另外买工艺品千万别忘记讨价还价！

周五 19:46
Wine O'Clock Shop：酒的记忆

捷克除了晚上热闹非凡的酒吧，有没有有气氛、有格调的小餐馆？Wine O'Clock Shop 就是这样的存在。这里有令人难忘的白葡萄酒和鸡尾酒，主打意大利餐品，餐厅很小，只有12个座位，可能需要提前很久预定，它是布拉格排名第一的意大利餐厅。

📍 Liliová 1069/16, 11800 Praha

🕐 周二一周六：17:00—23:00

📱 +420 773 201 216

市民会馆旁驶过的电车，市民会馆是布拉格最重要的歌剧院

从城堡上向远处望去全城的红房子，
伏尔塔瓦河穿城而过

圣维特大教堂，被称为"建筑之宝"，也是历代国王加冕地。 图 /Anna.Q

周六 10:15
布拉格城堡：国家的心脏

布拉格城堡已经有 1000 多年的历史，它一直是捷克国王的宫殿和国家权力中心。城堡的第一站圣维特大教堂是城堡的代言人，也是公元 10 世纪修建的老教堂，古朴沧桑。它前后扩建三次，并最终于 1929 年完成。人们进教堂一般是为了看内波穆克圣约翰之墓，这是捷克人对宗教最大的尊崇。

相对来说老皇宫虽然面积更大、政治地位更高，旅行者对它却不太感兴趣。建于 12 世纪的老皇宫是国家首脑宣誓就职的场所，其中的西班牙大厅和弗拉迪斯拉夫大厅金碧辉煌，是现在捷克举行国宴的地方。

📍 11908 Praha 1
📠 +420 224 373 368
🕐 周一—周日：09:00—16:00

小岛说：这是我人生中唯一一次为了不留遗憾而改签机票。当时 4 点关门，不料 3 点就已经禁止入内，在捷克的最后一天我却错过了布拉格城堡，于是专门改签了机票，第二天专程再去参观。可是整个城堡在一个小时内就逛完了，我只能说错过了老城堡，遗憾；去了之后，更遗憾。

浩睿说：布拉格有两处不错的眺望地点，一处是黄金巷，另一处就是布拉格城堡，如果你身高较高，就不用去黄金巷瞎凑热闹。虽然说布拉格城堡是一个不去会遗憾、去了更遗憾的地方，但我已经飞了十多个小时来到捷克，不管遗憾不遗憾还是要走一个过场！

周六 14:26
高堡：布拉格发源地

据说，南部的高堡山是布拉格的发源地，早在 9 世纪就有人定居于此。11 世纪后，统治者发现了这里的象征意义，陆续建立了圣劳伦斯大教堂、圣彼得和圣保罗大教堂，以及圣马丁大厅。可惜，高堡在 15 世纪时毁于战火，现在只剩下圣保罗大教堂和圣马丁大厅。高堡比布拉格城堡的海拔更高，可以俯瞰老城堡和伏尔塔瓦河。

📍 V Pevnosti 159/5b, 12800 Praha
📠 +420 241 410 348
🕐 周一—周日：09:30—17:00

小岛说：如果说布拉格有一个被写在等待清单里面、将火未火的景点，可能就是高堡了吧。

在布拉格城堡上俯瞰全城的红房子,
和巴洛克式的圣米古拉斯大教堂的
大圆顶　图 / 紫陌

"欧洲建筑博物馆"进行时，罗马
式教堂随处可见 图 / 紫陌

周六 18:40
U Kroka：捷克菜什么样？

传说这是猫途鹰全球旅行点评（tripadvisor）评选中排名第一的捷克菜餐厅，离高堡不远，黑色调的装饰，严肃的中欧风格。一家几乎可以满足全世界吃货需求的捷克菜馆，有绝对地道的肋排、猪肘和布拉格火腿，啤酒也非常精妙。

📍 Vratislavova 12/28, 12800 Praha

📱 +420 775 905 022

🕐 周一—周日：11:00—23:00

浩睿说： 相比那些漫天要价的米其林餐厅，这家餐厅显得十分亲民，价格合理，也正因如此，餐厅的座位非常紧张，如果你有意前往，最好在网站上提前订座。对于累了一天的游客来说，这里的菜量显然非常友好。除了足够讨好"肉食动物"，这里也为素食主义者提供了套餐。

周六 20:06
各大剧院：藏在维也纳背后的音乐中心

布拉格的音乐很著名？如果你熟悉徐静蕾主演的电影《有一个地方只有我们知道》，就知道电影里奶奶曾经生活的地方，就是鲁道夫音乐厅，现在捷克爱乐管弦乐团的演出地。这个城市在音乐界的地位颇高，甚至很多人认为欧洲的"第二大音乐之都"就是布拉格。

市民会馆是捷克最华丽的新艺术运动风格建筑，高调俏皮又复古（为何这几个形容词放在一起显得如此诡异？不过新艺术运动的风格确实如此）。正面入口上方的装饰就是约瑟夫·马扎特卡的作品。这里是捷克欣赏歌剧和芭蕾的最佳地点，会馆常年轮流上演斯美塔那、莎士比亚、柴可夫斯基等大家作品。

如果你觉得市民会馆太华丽，捷克这个能歌善舞的民族也准备了一连串小众剧院，比如因《费加罗的婚礼》而出名的大地产歌剧院。1787年，莫扎特本

人曾经亲自在此指挥演出，并获得空前成功，《费加罗的婚礼》从此扬名世界。

鲁道夫音乐厅

📍 Alšovo nábř. 12, 11000 Praha

📱 +420 227 059 227

市民会馆

📍 nám. Republiky 5, 11121 Praha

📱 +420 222 002 107

大地产歌剧院

📍 Železná, 110 00 Praha

📱 +420 224 901 448

小岛说： 因为《有一个地方只有我们知道》，鲁道夫音乐厅颇负盛名，不过当你真的站在这个建筑面前时，你会反复确认那个雕塑，怀疑自己是不是来错了地方。因为屹立在查理大桥旁边的它，真的太朴素了……

从老城广场到查理大桥的必经街道，路边有很多华丽的巴洛克建筑

查理大桥上的圣约翰雕塑，它是
大桥的守护者，桥上这样的圣人
雕塑一共有 30 尊　图 / 紫陌

布拉格地标型雕塑，撑着伞
挂在外面的男人　图／紫陌

巴洛克风格再装饰的店铺
图／紫陌

U ZLATÉ KORUNY

SUNDAY
周日

周日 10:38
卡夫卡博物馆："变形"博物馆

———

对于文学青年来说，卡夫卡才是他们来布拉格的全部理由。卡夫卡故居、卡夫卡博物馆甚至墓地都不可错过。卡夫卡博物馆的设计很走心，有一种小说《变形记》的神秘离奇之感，展示的主要是卡夫卡的成长轨迹和小说情节，室内的诡异灯光和音乐很"卡夫卡"，让人觉得无比孤独。比博物馆本身更著名的是院子里的雕塑，捷克艺术家大卫·切尔尼的作品，两个男人站在捷克的地图上小便，颇有深意。

📍 Cihelná 635/2b, 11800, Praha

📱 +420 257 535 373

🕐 周一—周日：10:00—18:00

小岛说：布拉格就是一个卡夫卡之城，从他的 3 个故居到博物馆甚至是咖啡馆都与他有关。不过如果你不是卡夫卡的书迷，可能完全无法领略此中妙处，请自动放弃所有的卡夫卡景点……

满是涂鸦的列侬墙，追寻自由是人们来这里打卡拍照的共同心愿

周日 14:25
约翰·列侬墙：捷克的"柏林墙"

———

约翰·列侬墙是布拉格的另一张名片，这里充满反叛与自由的意味。1980 年列侬在纽约遇刺，为了纪念他，捷克一位不知名的艺术家在此画了一幅他的头像。如今，越来越多的捷克年轻人用大胆的颜色、抽象的图案在此表达自己的政治诉求。秘密警察曾多次粉刷墙体，企图消除这里抗议的声音，不过很快又会有新的涂鸦出现，政府永远不能阻挡人们追求自由、珍爱和平的意愿，无论何时何地。

📍 Velkopřevorské náměstí, Malá Strana, 100 00 Praha

小岛说：柏林的东边画廊已经成为世界闻名的地标性建筑了，相比之下列侬墙的地位不算高，而且还不时被粉刷清洗，不过正因如此，隔一段时间再来，列侬墙上的图案就会完全不同，这可能是世界上规模最大的流动画廊。

浩睿说：这些涂鸦墙看上去有些随意，甚至让你怀疑是不是遭到了破坏，一层又一层的涂鸦，你看到的完全取决于最新绘画者的技术。其实现在这里已经和列侬没什么直接关系了，不过自由或许就是布拉格的一部分吧！

周日 16:40
会跳舞的房子：艺术还是怪物？

———

会跳舞的房子不是一个景点，但每个路过它的人都会被吸引住，它就是荷兰国民人寿保险大厦，被称为"世界十大另类建筑之一"。大厦由加拿大建筑师法兰克·盖瑞和捷克建筑师弗拉多·米卢尼克共同设计。它 1996 年落成之初就颇受非议，喜欢的人觉得设计新颖、甜蜜浪漫；讨厌的人觉得其设计反人类审美，像一个被扭曲的可乐瓶。你怎么看？

📍 Jiráskovo nám. 1981/6, 120 00

📱 +420 605 083 611

会跳舞的房子，全世界最奇怪建筑的代表之一

小岛说: 坦白说，会跳舞的房子还是很美的，特别是用慢门拍带着流光的夜景，不过你看之前要做好心理准备……

浩睿说: 这座大厦自带魔幻色彩，看到它时，你就会有一种时间和空间都被扭曲了的错觉！

周日 18:08
伏尔塔瓦河：专属布拉格的夜晚

———

欧洲的城市大多依河而建，一条河就串起城市的千年兴衰。伏尔塔瓦河是捷克最长的河流，它将布拉格分成了两部分，左侧是城堡区，右侧是老城区。除了查理大桥，还有很多不知名的桥梁连接着两岸。夜晚沿河逆流而上，从老城广场出发，一路可以看到鲁道夫音乐厅、老城堡、会跳舞的房子……看着整个城市从繁华归于安静。

小岛说: 夜晚沿着伏尔塔瓦河漫步是静心的最好方法，从一座桥到另一座桥，看车流渐渐稀疏，而流水依然。也是在那个时候，我做了人生中很重要的一个决定。当时正值毕业季，需要决定是否留在英国。是回国好好做一个媒体人，还是在英国做一颗新闻界的"螺丝钉"？这可能是每一个留学生都会遇到的问题。不过3年之后，再回头看，一切都是最好的安排。

航班信息

每周二，周六。
MU707 （上海直飞布拉格）
MU708 （布拉格直飞上海）

每周四，周日
MU785 （上海—西安—布拉格）
MU786 （布拉格—西安—上海）

———

走遍欧洲，好多人说，布拉格有一种被神化的浪漫，即便来回走过9遍查理大桥，可能你还是一个人。
其实布拉格带给我们更多的是一种仪式感。

站在天文钟上拍布拉格全景　图 /Anna.Q

连接中国与布拉格的空中桥梁

MU707/8 上海-布拉格往返, 每周二, 周六。
MU785/6 上海-西安-布拉格往返, 每周四, 周日。

在路上，
一个人

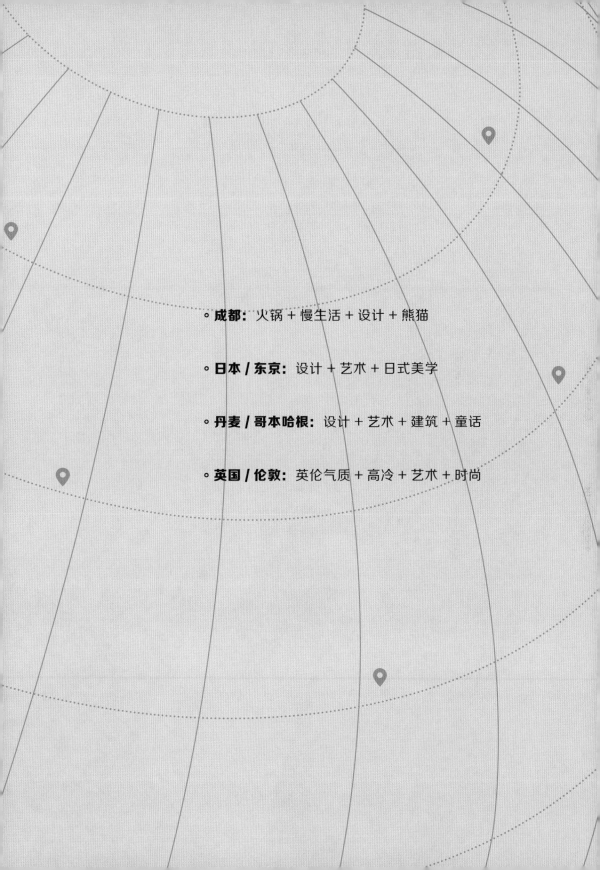

。**成都：** 火锅 + 慢生活 + 设计 + 熊猫

。**日本／东京：** 设计 + 艺术 + 日式美学

。**丹麦／哥本哈根：** 设计 + 艺术 + 建筑 + 童话

。**英国／伦敦：** 英伦气质 + 高冷 + 艺术 + 时尚

成都国际金融中心（IFS）爬看
熊猫爬楼 图/猴宝比

三天两夜的成都

微辣是对这里最基本的尊重

成都是一个色彩丰富的城市，这里有吃到嗨、辣到爆的火锅，有听着音乐就让你流下眼泪的小酒馆和玉林路，有创意书店方所、言几又和温情的无早书店，还有走着走着一不小心就走到了的蠢萌集中营——大熊猫基地……自由、开放、优美、甚至衰败，这都是成都，川流不息，正在路上。

火锅 + 慢生活 + 设计 + 熊猫

作为一个不爱吃辣的人，成都可以吸引我的最主要原因是那里的设计和艺术，还有巴适的生活节奏，以及言几又、方所、无早形成的独立书店生态圈。可能这也是成都可以在新一线城市中脱颖而出的主要原因。

小岛说：

FRIDAY
周五

博物馆的镇馆之宝，网红大金面具，它是国内保存最完整的商周时期金面具　图 / 叶落满山

周五 10:35
昭觉寺：川西禅意慢生活

此次的成都之旅是从一座寺庙开始的，我们拜佛、听诵经，让自己开始慢下来。昭觉寺位于成都市北，被称为川西第一禅林，与市中心的大慈寺、文殊院相比，寺内非常安静。昭觉最早出现在汉朝，宋朝时因住持圆悟高僧而声名远播。直至今天，日本和东南亚一代的寺庙还把昭觉寺视为祖庭，有很多学佛人士在寺中小住，修身养性。

📍 成华区昭青路 333 号

💲 门票免费

🕐 周一—周日：08:00—17:00

小岛说：所有火急火燎的人，都应该去寺庙里学学静心。

周五 14:08
金沙遗址博物馆：当西方遇上成都

究竟谁是成都博物馆界的 TOP 1？这个争论从来没有停止过。不过最近两年成都的金沙遗址博物馆开始走国际合作路线，让老巴蜀有了新风采，比如之前和意大利那不勒斯的著名合作。

平日里的固定展览"太阳神鸟"的魅力也是非比寻常，除了这个镇馆之宝，你还可以通过金人面形器、金蛙形器、铜眼睛形器来了解古人的美学及装饰原则。这种对历史的敬畏和对传统的勇敢突破，让老成都迸发新生。

📍 成都市青羊区青羊大道 227 号

💲 门票 40 元

周五 16:40
野支 YEPOM：
一家温暖有态度的北欧家居集合店

成都人从来不缺好品位，HAY 入驻银泰 in99，宜家也是市民过周末的好地方。不过成都还有野支

雨中的昭觉寺　图 / 沐雨蝶舞

YEPOM，这是真正意义上的成都第一家北欧家居品牌集合店，由在巴黎生活了 10 年的 Jeans 和 Kola 夫妻二人创立，他们回国后，把时下最流行的设计艺术元素带回成都，给成都一年四季火辣辣的气氛中，注入了一点家的温暖。

📍 成都成华区万象城 5 楼 501—2

周五 18:35
154 路公交：一辆吃货专属巴士

来成都，不好好吃，怎么对得起生活？那就坐上 154 路公交，开启"苍蝇馆子"吃货路线吧。从华兴街到荷花池公交站，8 站连着 20 家小店，吃完这家，下一家更美味！这趟旅途中，有华兴街的自力面馆和雨田饭店、双栅子街的冒菜西施、福德街的三哥田螺、马镇街的张记鳝鱼面……直到最后一站红花南路的鲜老头猪肝面。如此辣爽的 154 路，简直是中国最嗨的公交线路。

小岛说：作为一个不能吃辣的人，我去成都简直就是暴殄天物。

浩睿说：因为吃火锅要被迫点鸳鸯锅，我已经和小岛发了好几次脾气。

小岛再说：可事实就是，为什么要强迫别人做他做不到的事情呢？

午后青羊宫中一位睡意昏沉的道友 图 / 猹哥儿

SATURDAY
周六

周六 10:30
西村大院再生砖的人文情怀

西村大院是一个外表很低调的网红地，这是一座有情怀的大楼，建筑师刘家琨在外墙设计了"再生砖"。他从汶川地震的废墟中找到了灵感，设计了秸秆、砂石、水泥的混合新型材料，用于灾区重建。很多艺术小店入驻了这个灰色的建筑，比如由人文作家坐镇推荐书单的"独活"书店，培训花艺师的鲜花店"固然花艺"，将中国传统茶文化配上奶茶的"扫雪煮茶"。

📍 青羊区贝森北路 1 号
📱 028—8734 7777

小岛说：我一直觉得西村大院和成都非常配，不仅因为建筑师的汶川情怀，也因为它的阴雨绵绵和整个城市一样都很压抑、遥远且孤独。

西村大院一角，竹林和再生砖营造的成都　图／荒诞的小龙虾

周六 13:10
无早不晚

如果让我在成都只选一家店放空一天，那会是无早。它离春熙路只有十几分钟的路程，却安静得像时间停在了这里。这是一家日式的咖啡简餐书店，搜罗了全世界近百种艺术设计类的独立杂志，在全国的独立书店界大名鼎鼎。从 2017 年开始，无早还以个人的方式，做独立出版物，采访了一群海内外的生活家，将他们的故事结集成册。

这一切都归功于店主 Rosa，她是一个不主张看电子书的人，在欧洲时就搜罗了各种创意美学书籍，她给真正文艺的人搭建了一座精神家园。

📍 锦江区青莲上街 5 号附 1 号
🕐 周一—周日：11:30—21:00

小岛说：现在无早已经成了一个独立的文创品牌，也涉足独立出版行业，期待它能有更多的独立杂志出现。

周六 18:06
麻辣空间：非典型成都火锅

据不完全统计，在成都一共有 9000 多家火锅店，类似小龙坎、大龙燚等因抓拍到明星而火遍全国的店有很多。相比巷子里火锅的烟火气，麻辣空间火锅采用的是海底捞的服务策略，即尽可能地周到贴心。麻辣空间还在迪拜开了一家分店，开始走国际路线。麻辣空间主推清油锅底，是一种辣得够爽、麻得入味的感觉。推荐必点菜：麻辣牛肉、毛肚、里脊丝、虾滑，当然还有最重要的酥肉。

📍 彩虹桥通祠路 39 号一江城花 2 楼（彩虹店）
💲 人均 66 元
📱 028-85575500
🕐 周一—周日：10:00—24:00

小岛说：成都好吃的火锅，真的不止一家，完全推荐不过来。

一只仰望天空又萌又丧的熊猫，虽然在本次三天两夜成都指南中没有推荐大熊猫基地，但熊猫依旧是当之无愧的中国符号

周六 20:05
Nu Space 老店：地下小酒馆

赵雷的《成都》代表了一个成都，有温柔的小酒吧，有或动感、或深情的音乐。不过成都不只有一个小酒馆，在明堂创意工作区内有一个圈内人皆知的秘密——Nu Space 老店，是成都当地乐队的排练地，也是很多成都地下说唱歌手的表演场所，有专业的音响、调音设备。关于成都说唱圈的各种故事，你想不想去了解一下？

📍 青羊区奎星楼街 55 号明堂创意工作区内

小岛说：因为赵雷的《成都》，我重新认识了这个城市，那些哭过的、笑过的、走过的地方，都是成都。

SUNDAY
周日

周日 10:20
麓湖 A4 美术馆：山水设计

这是成都最潮的美术馆，2017 年 4 月新开的麓湖 A4 美术馆，也就是原来的 A4 当代艺术中心，它将新址选在了湖边，给这个急脾气、热辣辣的成都增加了几个慢下来的理由。新的 A4 美术馆由安托内·普雷多克担任设计，他被称为大地建筑之父，整个展馆充满"水文成都"的概念。常设展览是名和晃平、几米等人打造的一个感官互动游戏，特展则更倾向于展现成都的地域性，从人文的视角来展现这个发展变革中的城市。

📍 天府大道南延线麓湖生态城艺展中心
📱 028—85761265
🕐 周二—周日：10:00—18:00
💰 人均 20—40 元

周日 12:08
玉林串串香 2.0 版：21 年的老店味道

在成都没有人不知道玉林串串香这个名字，作为串串香的鼻祖，一家开了 21 年的连锁店，在美食林立的成都活了下来。成都人自己走街串巷去的一般都是玉林串串香的小店面，从 3 年前开始，玉林串串香开始进入商场，升级为 2.0 版本，兼顾装修、环境、美味和服务。虽然说串串店几乎和火锅一个价位，但每天还是有无数老餐来排队买单。传承多年，还是儿时的味道。

📍 武侯区大悦城悦街 2F-J20
📱 028— 6595 6288
🕐 周一—周日：09:30—23:30
💰 人均 50 元

周日 16:19
远洋·太古里 &IFS：向左走，向右走？

成都的购物中心向来竞争激烈，远洋·太古里和 IFS 相对而建，却有截然不同的风格。IFS 是绝对的奢侈品聚集点。从连卡佛到一众奢侈品旗舰店，你在此逛街不会觉得和北上广有任何区别。而若干两层小楼错落的太古里，则走休闲路线，建筑风格保留了川西老房子的感觉，街区中还有 20 多个艺术家专为成都定制的意识流雕塑。

📍 远洋·太古里：锦江区中纱帽街 8 号
📍 IFS：锦江区红星路步行街 3 段 1 号

大红灯笼和蜀锦，锦里是寻找老四川气质不能错过的地方　图 / 达达

太古里的日常，在喷泉边游玩的人们
偶然看到了彩虹 图 / 达达

住在成都

崇德里驻下

如果说文艺是一种生活方式，那么"崇德里驻下"应该是比所有五星级连锁酒店都要有成都调调的地方。作家王亥旅居海外多年后回到成都，重新改造崇德里，巷子口有一个巨大的牌子，上书"谈茶，吃过，驻下"。"崇德里驻下"是由20世纪90年代老职工宿舍改成的12间客房，令人仿佛置身于寻常巷陌之中，这就是老成都人的生活；家具富有设计感，内部设施极尽舒适，让人有宾至如归的感觉。驻下，这是属于每个人的成都。

📍 锦江区崇德里1号
📱 028—86002200
💵 每晚500元

耳机里听着《成都》，走在巴蜀的老巷子里，数着这些文艺的、新兴的、有活力的、市井的，甚至是凋敝的好地方，这就是成都。川流不息，都在路上。

站在晶融汇顶层拍成都全景　图／达达

不同于白天找路和探店的人潮涌动，闭店
休息后中野商业街露出了它的本来色彩
图 /Lucas_GSH

三天两夜的东京

不管第几次来，都不虚此行

———

东京就像是一个潘多拉盒子，每一次打开你都无法预知会遇见什么。潮流的更替、迭代，传统的传承、保留，这座城市不停地在时间的车轮里裂变。无论你第几次来东京，都不虚此行。

———

设计 + 艺术 + 日式美学

浩睿说：

熟悉何包蛋的朋友都会知道我曾经写过在东京的遭遇。被关在小黑屋里21天后，终于沉冤得雪重获自由，那段黑色的回忆，至今我都没有勇气再完整地复述一遍。就是这样的一个东京，让我深爱着，让我恐惧着。

小岛说：

日本对我来说是一个神秘的地方。因为更偏爱欧美旅行，我会经常长假去欧洲、短假去东南亚。作为旅行编辑，我也无法解释，为什么我还没有去过日本……而身边最好的朋友都是日本旅行迷，喜欢京都的传统，喜欢北海道的雪和春天满园的樱花。可能我第一次去日本的时候，会选择去——直岛吧！太喜欢安藤忠雄在一个岛上创造的传奇。

FRIDAY 周五

周五 12:05
筑地市场：世界唯一的筑地市场

————————

筑地市场搬迁已经讨论到第三个年头，每一次讨论都会让一个声音变得更加清晰："再去一次筑地市场。"拥有 80 多年历史，东京最具有市井气息的筑地市场，是这座城市的饮食文化的缩影。有每天新鲜打捞的海鲜，有最吸引游客的专业金枪鱼拍卖，以及让人欲罢不能的专业美食商店和日式料理店，"筑地神话"造就了这个独一无二的市场。

筑地市场分为场内与场外，场内是专业的海产交易区，每天清晨上千名海鲜中介商在此唇枪舌剑，为的就是获得品质上乘的海鲜。场内还有许多海鲜料理店，这里或许是东京最新鲜的海鲜料理店区域，就地取材，价格十分亲民。就算无法参与到激烈的金枪鱼拍卖中，你也可以在围观后选一家小店大快朵颐。

场外则可以发现更多更有特色的餐饮店铺，许多日料店或其分号都坐落于筑地市场外。这里还有许多其他的食材商店。你可以买到最正宗的木鱼花，最新鲜的辣根，甚至可以淘到出自名家的刀具与食具。

📍 东京都中央区筑地 5 丁目 2-1
（目前筑地市场已经搬迁。）

浩睿说： 别买新鲜的芥末，保质期太短，你永远不会知道当我到达大阪时，打开箱子看见腐烂的芥末后，从此对它有多大的阴影！不过木鱼花和昆布非常值得买一些带回国内。

小岛说： 遗憾的是，在本书编辑出版过程中，筑地市场已经关门，再去一次筑地市场成了我无法实现的梦想。

周五 14:16
茑屋书店：不仅是书店

————————

南京的先锋、台北的诚品、曼谷的 Open House（由代官山茑屋书店设计师设计）都曾被誉为世界最美书店，东京也有一座世界最美书店——茑屋书店。作为亚洲顶级的书店品牌，茑屋书店打破了诚品一家独大的局面，让现在的局面变成东诚品、西茑屋的阵势。这是一家完全不同于诚品的生活空间，甚至已经成为代官山地区的文化生活的象征。

来到茑屋书店，最吸引眼球的要数一条 55 米长的杂志连廊（Magazine Street），它将书店里的三座建筑串联了起来。这里拥有全球范围内最全最新的杂志，全日本品种最丰富的 CD，20 世纪 60 年代的摇滚、爵士音乐都可以在此寻觅到踪迹。如果你喜欢时尚杂志，不要忘记过来朝拜一下 *Vogue* 1892 年创刊号的真容。

除了书店，茑屋书店还将餐厅、文创店、咖啡厅、酒吧等店铺设置在建筑中的各个角落。在这里你甚至可以为你的宠物美个容，或者在旅游窗口，为你接下来的东京之行寻找不一样的灵感。

📍 东京都涉谷区猿乐町 1 7-5
📱 +81 3 3770 2525
🕐 周一—周日：07:00—次日 02:00

浩睿说： 这是唯一一家让我喝醉过的书店。

周五 16:35
东京塔：城市中的那一抹橙红

————————

作为苹果 emoji 表情中少有的几个地标性景点之一的东京塔，实际上是巴黎铁塔的复刻品，建成后政府出于防空需要，将塔身涂成了橙红色。虽然现在东京塔早已不是东京最高的展望塔，但仍然是东京最具代表性的地标建筑。就连去过东京无数次的指

城市中的一抹红色——东京塔，是明信片
式的东京地标　图/Lucas_GSH

南君，每次在东京仍然会抽出两个小时时间，去那里放空。

选择在落日时分前往东京塔是最"贪心"的选择，登塔时，透过玻璃的观光电梯，夕阳的余晖照在塔身，使得整座东京塔更加炽烈，在150米高的大展望台和249.9米高的特别瞭望台上，你可以看到整个台场、六本木、新宿甚至富士山的景色。经过了一天的奔波，你也可以在展望台上的咖啡厅休息一会儿，看着整个东京的夜色被慢慢点亮。当你离开铁塔时，别忘记回头看一眼铁塔的夜景。

📍 东京都港区芝公园4丁目2-8

📱 +81 3 3433 5111

🕐 周一—周日：09:00—23:00

渋谷的夜晚，东京的热闹才刚刚开始
图 / 微微轻羽

周五 19:45
New York Bar：迷失东京

东京的喧闹与繁华背后，总是藏着一种淡淡的孤独。因《迷失东京》而为人熟知的新宿柏悦酒店（Park Hyatt Tokyo）52层的 New York Bar，就是影片中主人公相遇的地方。这里是新宿唯一的观景台，从窗外望去，能看到蚂蚁般的人群、孤独闪烁的霓虹，在时光胶囊般的 New York Bar，去寻觅你的比尔吧。

📍 东京都新宿区西新宿3丁目7-1-2パークハイアット东京

📱 +813 5323 3458

🕐 周日—周三：17:00—次日 00:00
　　周四—周六：17:00—次日 01:00

浩睿说：我对各大连锁酒店集团的酒廊（Bar）有着迷之热爱，既没有小酒吧的娇情做作，也没有俱乐部的喧闹浮躁，你给我一抹夜景，我喝你一杯烈酒。这听上去是多划算的一笔交易啊！

工整优美的东京皇居，春天的赏樱盛景
图/Dreams GSH

SATURDAY 周六

周六 10:08
草间弥生美术馆：波点女王的宫殿

草间弥生是最受欢迎的艺术家之一，想亲眼看见她的作品并不容易。不过现在，拜访波点女王有了更轻松的方式。2017 年底，草间弥生美术馆毫无征兆地宣布开放。这座美术馆位于新宿，建成已经数年，周围的居民一直在猜测它的用处，外形完全无法与草间弥生浮夸的、高饱和的作品风格联想到一起，简约素色的外墙，巨大的落地玻璃窗，简洁到丝毫不"草间弥生"。

美术馆中收藏了波点女王毕生的艺术设计与装置，除此之外，互动艺术装置、户外展览区，以及每年两场的布展速度都使得这里成为新的朝圣地。每次最大参观人数限 70 人，可使你在这里拥有最佳的观赏体验。至于草间弥生伟大的作品，或许用不着指南君为大家介绍了。

📍 东京都新宿区西新宿弁天町 107
📱 +81 3 5273 1778
🕐 门票约合人民币 60 元

PS：草间弥生美术馆采取分段预约，网上购票，每天一共 4 个时段，每段欣赏时间为 90 分钟，需提前在网上购票。每个时间段只有 30 分钟入场时间，错过入场时间便无法进入。

浩睿说： 那一年，你说这可能是老太太我生前最后一次展览，我信了，专程飞去东京，大几百的纪念品照单全收，想着毕竟最后一次了，好好为信仰充值。结果没过半年你说自己开美术馆了。嗯，也对，的确是生前最后一次在外面展览。

周六 14:50
高园寺：青山周平私藏的好地方

相信熟悉日本文学和动漫的人对于高园寺这个地名并不陌生，无论是小说《1Q84》还是电影《无人知晓》，都和高园寺息息相关。这里也是设计师青山周平为《三天两夜指南》的读者独家推荐的好地方。

这是一个隐藏在东京的特殊生活方式街区，略显狭窄的街道吸引了拒绝高消费主义的人群，这里是东京二手文化和地下文化的成长地。风格独特的二手书店、旧黑胶唱片店、二手服饰店、创意手工艺品，以及咖啡店密集地分布于此。虽鲜有游客造访，却成了本地人淘宝的天堂。高园寺店铺倡导的品质生活方式并不意味着昂贵的价格，你不妨带着寻宝的心情，来这里感受下另类的文化与体验。

📍 东京都杉并区高园寺

浩睿说： 当青山周平向我推荐这个地方的时候，我其实有些意外，相比之前预想的设计新贵的心仪之所，这里显得相当接地气，国内能获取到的资料也很少，但是仔细查阅资料后，才发现这里的历史、文化真的很酷！这或许就是当地人和游客最大的区别吧！

周六 16:05
原村：炸着吃的牛排

原村（もと村）在东京有很多家分店，这是一家制作炸牛排（牛かつ）的餐厅，隐蔽的门前却经常有食客排队，比起昂贵的和牛店，这里的价格非常亲民，深受日本白领的喜爱。

炸牛排的外观乍一看很像炸猪排，但是与炸猪排有很大的不同。将优质的牛肉裹上面衣后快速煎炸，烹调时间非常短，所以牛肉只有一成熟，再将牛排切开，露出如同大理石般的牛肉花纹。

炸牛排有两种不同的吃法，一种是直接吃，非常甜嫩的牛肉搭配酥脆金黄的外皮，入口即化，绝对难忘。如果你不太喜欢生肉，可以尝试将牛排在小火炉上炙烤到你喜欢的熟度。以套餐形式提供的山药泥和麦饭也是原村的一大特色，将黏性十足的山药泥倒在麦饭上，粒粒分明的米饭与山药泥混合后产生一种独特的口感。一口山药泥麦饭一口牛肉，会让你幸福到眼前闪光。

📍 东京都中央区日本桥室町 2 丁目 3 番 1 号コレド室町 2 地下 1 阶 B18 号室

📱 +81 3 3273 5121

🕐 周一—周日：10:00—22:00

浩睿说： 山药泥是生的，如果你之前没有吃过，需要一些勇气，可以在点单时告知服务员，分开装，不要直接倒在米饭上。

用慢门拍出的涩谷的夜晚，与下图安静的台场形成鲜明的对比　图 / 微微轻羽

东京台场的自由女神像和她背后的彩虹大桥，也是东京的地标之一　图 / 微微轻羽

东京西日暮里小巷子中的佛像
图 /Harry Zhang

东京的一个十字路口，不二家的大广告
使得这个路口也灵动起来

周日 10:15
两国竞技场：气氛比赛事更精彩

如果你碰巧在比赛季（通常为 1、5、9 月）来到东京，不妨前往两国竞技场体验一下正宗的日本相扑文化。作为文化体验的行程，或许听上去有些无聊，但当你真正坐在场馆中，观看巨人一般的选手在场上角逐，听着身边观众对于比赛的兴奋议论，感受着他们对传统文化的坚守，无论你是否是相扑爱好者，都会认为这是一次不可复制的体验。

非赛季期间，两国竞技场会有表演赛。当然，你也可以参观这里的相扑博物馆，竞技场附近有许多由相扑选手经营的火锅餐厅也值得一试。

东京都墨田区横纲 1 丁目 3 番 28 号
+81 3 3623 5111

浩睿说： 有人觉得相扑比赛很无聊，其实我们推荐这个地点是希望大家去感受一下赛场上的气氛。在日本看比赛或者演唱会真的非常不一样，绝对值得去体验一次。

周日 13:45
豪德寺：治愈密集恐惧症的猫

豪德寺是东京世田谷区的一座小寺院，相传这里是招福猫的发源地。寺里的住持饲养的猫咪过世后，为猫咪立碑纪念，之后这里便慢慢地变成了供奉观音与招福猫的寺庙。从新宿站乘坐小田急约 20 分钟，就可以到达豪德寺站。游客在豪德寺可以奉请招福猫，并将招福猫留在这里，由于香火鼎盛，便有了如今的景象。

值得一提的是，豪德寺供奉的招福猫并不是招财猫，两者的差别在于猫手中是否抓着钱币。

东京都世田谷区豪德寺 2 丁目 24-7
+81 3 3426 1437

浩睿说： 就算你是猫奴，可能来到豪德寺都会觉得有点儿密集恐惧。一个个大大小小神态几乎一致的猫咪盯着你，的确会让人有些后背发凉。

在博物馆，一个男人正在望着窗外发呆　图 /P.T.K

周日 14:18
六本木：艺术金三角
━━━

热爱艺术与设计的你来到东京，怎能少得了六本木？作为东京最密集的设计与艺术区域，这里云集了国立新美术馆、森美术馆、21_21 展览馆三家能够代表日本殿堂级水平的艺术设计场馆。

国立新美术馆
━━━

国立新美术馆是日本著名设计师黑川纪章设计的最后一座美术馆，其设计灵感源自森林中的博物馆。绵延的绿色落地玻璃窗将大量阳光引入室内，树林与河水环绕，让整个美术馆的内外环境在最大程度上达到了平衡。除了丰富的布展以外，这里还有与 *Vogue* 合作的咖啡厅 Salon de Thé ROND，你逛完展览后，就可以晒着太阳享受一顿下午茶。

📍 东京都港区六本木 7 丁目 22 - 2

📱 +81 3 5777 8600

🕐 周一—周日（周二除外）：10:00—17:30

21_21 Design Sight
━━━

21_21 Design Sight 的命名别有深意，欧美国家通常将 20_20 的视力视作完美视力。而 21_21 则意味着有超越人眼的视力以及洞察未来的能力。美术馆由安藤忠雄和三宅一生联合设计，虽然建筑 70% 的区域位于地下，却丝毫感受不到压抑与昏暗。设计师将阳光与建筑空间的关系进行了调整，建筑中引入的落地玻璃窗长达 11.4 米，是日本最长的一块玻璃窗。

这里的展次虽不及国立新美术馆的数量多，但是却屡次被评为"全日本最值得期待的展览"。正如深泽直人重新定义 21_21 Design Sight 展览时所说，"这里不展示那些已被世人设计过的设计，而是将世界万物从设计的角度出发，重新思考、创作、再展示给世人"。

📍 〒 107—6290 东京都港区赤坂 9 丁目 7 - 6 东京ミッドタウン・ガーデン内

📱 +81 3 3475 2121

🕐 周一—周日（周二除外）：10:00—19:00

💲 门票约 67 元人民币

森美术馆
━━━

与绝大多数独栋的美术馆不同，森美术馆位于六本木 Mori Tower 53 楼，是东京最前卫的美术馆之一。森美术馆没有固定的展品，但是几乎每个月都有新的策展出现。森美术馆的门票分为两种，一种是纯美术馆游览，还有一种是包含六本木观景台的门票，作为观赏东京夜景的最佳展望台之一，在那里可以欣赏到东京塔的夜景。

📍 东京都港区六本木 6 丁目 10 - 1 六本木ヒルズ森タワー

📱 +81 3 5777 8600

🕐 周一—周日（周二除外）：10:00—22:00
周二：10:00—17:00

💲 门票约 110 元人民币

浩睿说：除了一次过足美术馆的瘾以外，六本木与寿司之神小野二郎次子的店内美食搭配食用，口味更佳哦！和他父亲需要提前三个月订位的店铺相比，这里性价比更高，也更好预订。我不会告诉你中午的价格只有晚上的一半哦！

一个日本男人过马路的背影，将日本人
的寂静、孤独表现得淋漓尽致

人气"选手"中野青叶拉面店，飘雪的季节，
这是属于冬日的仪式感 图/Lucas_GSH

东京雪天，撑伞的骑车学生
图/Harry Zhang

虹夕诺雅

东京虹夕诺雅与东京安缦仅百米之遥，不同于安缦引
以为傲的全景视野，虹夕诺雅被写字楼所包围，正是
这个原因，虹夕诺雅更加由内向外地散发着魅力。

酒店将日本文化渗透进每一个细节之中，脱鞋、
入住、指引流程都极具仪式感。每层只有 6 间客
房，都配备茶歇酒廊，提供早间轻食、茶艺表演、
特色清酒，同时也为住店客人提供一个轻松的社
交空间。位于酒店 17 层的露天风吕抽取自大手町
地下 1500 米的温泉，穿上和服在这个藏匿于高楼
大厦之间的日式酒店，享受度假时光里的闲散惬
意吧。

📍 东京都千代田区大手町 1 丁目 9 - 1

☎ +81 570 073 066

💲 每晚 5000 元人民币起

One@Tokyo

One@Tokyo 由建筑名师隈研吾设计监制，酒店散
发着浓浓的工业风，又通过运用大量木质装饰，时
刻提醒住客"这里是日本"。酒店距离地铁押上站
只有 3 分钟的路程，抬头便是东京晴空塔。它地处
繁华的东京城区，却可以让你体会到老城区风情。
价格最低时不到 500 元人民币，这使得 One@Tokyo
成为入住东京的明智之选。

📍 东京都墨田区押上 1 丁目 19 - 3

☎ +81 3 5630 1193

💲 每晚 1763 元人民币起

东京全景，相比其他城市的热闹，这个超级大
都市多了些理智和冷静　图 /Lucas_guooo

作者：盛崖余，旅行编辑，曾在北欧掉书袋，现于帝都吃喝玩乐，妄想以行代寓，和而不同。

公众号：sibcafe（伐鼓）

哥本哈根 Copenhagen

三天两夜的哥本哈根

世界上最后的"乌托邦"

哥本哈根，我小时候觉得它是属于安徒生的童话之城，长大后才发现，这是一座真正意义上的"自由之地"。丹麦人自由又随性，他们会拿着一杯咖啡享受 hygge（舒适的）时间，会骑着自行车穿过那些有百年历史的石头房子，也会在夜晚的克里斯钦自由城喝到不醉不归。这是世界上最有设计感的城市之一，黑白灰已经成为当代设计的美学标杆，曲线公园也诠释着线条的张力与界限。在这个城市生活的人，本身也是艺术品。

设计 + 艺术 + 建筑 + 童话

哥本哈根是我向往了一年多的地方，当年读书的时候，单纯觉得北欧"冷"，现在才觉得北欧的"性冷淡"、高级灰，才是审美的最高境界。如果可行，哥本哈根会是我移民的最理想选择。

小岛说：

FRIDAY
周五

周五 09:03
新港：哥本哈根老城起点

我们哥本哈根的旅行从最经典的彩色房子开始，几乎 90% 的旅行者都是因为这张明信片而向往这个城市，传说其中的 18、20、67 号安徒生都居住过。哥本哈根市中心很小，几大地标建筑也都在步行范围之内。10 分钟就可以转一圈的新港，步行 20 分钟就可以到的阿美琳堡王宫，在公园里的克里斯蒂安堡宫，还有转角遇见的腓特烈教堂。这些常规意义上的哥本哈根地标性建筑与西欧的教堂相比实在是寡淡了很多。但是这并不影响哥本哈根的有趣，先看完低调、"性冷淡"的老城，再去拥抱这个欧洲当代的创意中心吧。

📍 Nyhavn, København

小岛说： 很多人有安徒生童话情结，认为小美人鱼是爱与唯美的化身。我个人强烈建议这些朋友放弃看小美人鱼雕像，虽然它离新港只有 10 分钟的步行距离。它是票选的欧洲十大最令人失望的景点之一，最美的美人鱼可能永远在梦里。

新港，哥本哈根彩色小房子的最典型代表，许多人努力在这里寻找安徒生生活过的痕迹

传统却温馨的 Schønnemann 餐厅
图 / 文俊

周五 12:26
Schønnemann：三明治的"开放式"结局

开放式三明治是丹麦特有的吃法，一般用黑面包等粗粮面包托底，上面摆放三文鱼、虾、鱼子、蔬菜等。丹麦人致力于以有限的北欧食材变幻出无穷的搭配，小到一支装饰性的香料也毫不马虎，开放式三明治也算是"视觉系"食物的代表。Restaurant Schønnemann 是一家著名的开放式三明治餐厅，至今已经开了 100 多年，有超过 150 种海鲜和肉类菜肴，不过特别提醒，这里的就餐氛围比较正式，需要提前预订。

📍 Hauser Plads 16, Copenhagen 1127
📠 +45 33 12 07 85
🕐 周一—周六：11:30—17:00

哥本哈根随处可见的雕塑，图为张开双翼
的维多利亚女神，她在罗马神话中象征着
战争胜利　图 / 珈 er

圆塔外景，与周围的商铺、住宅完美地融
合在一起　图 / 文俊

周五 14:30
圆塔：白色震撼

在哥本哈根市中心，耸立着一个外表看起来非常普通的砖红色高塔——圆塔（Round Tower）。它是欧洲现在仍在使用的最古老的天文台，有将近 400 年的历史，属于拉丁派建筑，与哥本哈根大学图书馆、圣母教堂并称老城区的三大地标。

登塔拾级而上，斜坡道通体环绕塔心，地面由暗色砖块密集铺筑而成，如同一条条曲线沿坡而上，墙壁和拱形的窗户却是纯白色的，一旦走进圆塔内就会感受到这种别致的建筑风格带来的视觉震撼。游客从塔顶可以俯瞰哥本哈根全城风光。

📍 Rundetaarn，Købmagergade 52A，1150 KBH K，Danmark

📱 +45 33 73 03 73

🕐 周四—周一：10:00—18:00
   周二、周三：10:00—21:00

💲 门票约 25 元人民币

小岛说：必须说，在哥本哈根老城各种漂亮的彩色房子中，你非常容易错过这个圆塔，即使拿着谷歌地图去找，可能你都不相信自己的眼睛，不过相信我，你进去之后不会后悔。

周五 18:40
Lumskebugten：哥本哈根式晚餐

Lumskebugten 位于哥本哈根老城中心附近，如果你不听劝，还是去了人山人海的"北欧最令人失望景点"，那么享用一顿美食或许可以治愈心灵。餐厅有着悠久的历史，在当地口碑很不错，一般的三道菜套餐会包含北欧传统的主食三文鱼、鹿肉等，但主厨会用你意想不到的方式给你一场味觉盛宴。来到 Lumskebugten 享用一顿晚餐，会完全颠覆你对北欧食物的印象。

📍 Esplanaden 21, 1263 København

🕐 午餐，周一—周二：11:30—15:00
   晚餐，周三—周六：11:00—22:00

📱 +45 33 15 60 29

圆塔内景，内部的纯白色与外部的红砖形成鲜明的对比 图 / 珈ex

热狗和简餐为代表的街边美食 图 / 文俊

哥本哈根新港　图 /Su_llivan

SATURDAY
周六

周六 10:20
管风琴教堂：白色线条

管风琴教堂（Grundtvig Church）得名于其外形与风琴高达 99% 的相似度，是一座极其罕见的表现主义风格建筑。这座建于 1921 年的教堂走北欧极简、至纯的风格。与欧洲典型的哥特教堂或拜占庭教堂不同，管风琴教堂从外到内几乎没有什么装饰，只有用 600 万块黄砖砌成的不同造型的顶棚、支柱及窗框等，这 600 万块地砖仅由 6 名工匠制作完成。踏入教堂内部，其纵深的结构、巨大的白色立柱和极简的设计，更让人对宗教多了几分敬畏之情。

📍 Grundtvigs Kirke，På Bjerget 14B, 2400 København

🕐 周二—周六：09:00—16:00
周四延长到 18:00

📱 +45 35 81 54 42

小岛说：一座教堂就可以撑起整个城市的颜值，除了雷克雅未克，应该只有哥本哈根了吧！

新嘉士伯美术馆雕塑大厅，厅中陈放着大量古希腊、古罗马时间的人物雕塑。

周六 12:28
新嘉士伯美术馆：不只是啤酒

哥本哈根是一个只有当代艺术的城市？新嘉士伯美术馆（Ny Carlsberg Glyptotek）不服！这可能是哥本哈根最好的美术馆。它和那个享誉全球的啤酒同名，同样是由嘉士伯创始人主办。新嘉士伯美术馆已历经百年，古代艺术馆侧重展出埃及、希腊、古罗马艺术；现代馆主要展览丹麦黄金时代的画作及法国印象派绘画，包括凡·高、莫奈、马奈、高更、罗丹等艺术家的上百件作品。艺术海洋畅游完毕之后，你就可以去美术馆中央花园喝杯咖啡；高大的棕榈树和热带植物中也藏着很多珍贵的雕塑。

📍 Dantes Plads 7, 1556 København

📱 +45 33 41 81 41

🕐 周二—周日：11:00—18:00（周四延长至 22:00）

💲 门票约人民币 100 元；27 岁以下约人民币 50 元，周二免费

小岛说：这绝对是哥本哈根最好的美术馆，远甩它的邻居丹麦国家博物馆几条街，后者可以从旅行清单中去掉，除非你喜欢充满太阳神意味的化石。

炫酷的管风琴教堂内景图

周六 14:37
Superkilen Park：直线？曲线？

Superkilen 公园是 instagram 博主的必访之地，它近来火遍全球的原因是路面上绘有巨大的白色线条，线条造成了视觉误差，进而产生层层叠叠的效果。整个公园分三个区域：红色广场保持着丹麦现代都市生活的气质，红色色块也很有张力；黑色广场的喷泉长凳看起来则更有北欧经典广场的面貌（白色线条也在此）；绿色公园有很多绿地供人们休闲。兼具艺术、创造、设计、休闲，哥本哈根一个公园，包含了这个城市的诸多灵感。

📍 Superkilen, Nørrebrogade 210, 2200 København

小岛说：这里是哥本哈根最佳拍照地，看起来严肃高冷的北欧人，本质却如此幽默有趣。

最有欺骗性的平地高线公园，人们借助线条的起伏，营造了"爬坡"的效果

周六 19:35
Relæ：任性的米其林

哥本哈根有不少米其林餐厅，我们特别推荐的 Relæ 是曾入选 2016 年全球前 50 名的餐厅，风格低调，有机和素食是他们的主打（同时也提供肉类），也契合了哥本哈根及北欧地区最为推崇的饮食观念。这里的菜品顺应四季，由自家农场提供原料，如当地米其林餐厅一贯的特色：服务一流，具体到今天菜单上是什么主菜推荐，剩下的就交给主厨来决定。

📍 Jægersborggade 41，2200 København
🕐 午餐：周五、周六，12:30—15:00
　　晚餐：周二—周六，17:00—次日 00:00
📱 +45 36 96 66 09

小岛说：在丹麦吃东西，三文鱼一定是首选，如果你不知道怎么点菜，那么三文鱼或煎或炸或烤，总是没错的！在此特别解释，丹麦没有曲奇饼干，就像加州没有牛肉面，墨西哥没有鸡肉卷一样，已经成为世界级的美食笑话。

哥本哈根街头随处可见的彩色房子，并不是只集中在新港地区
图 / 珈 er

SUNDAY
周日

周日 10:40
遗忘六巨人：成年人的童话森林

寻找六个巨人！这六个"被遗忘的巨人"（The Six Forgotten Giants）是全木质打造的巨型雕塑，他们被安置在室外，或坐或躺造型各异，生动中又透着呆萌，和游客形成了一种良好互动。这个创意的出发点就是使艺术走出博物馆，同时也为人们带来一场只属于哥本哈根的户外发现之旅。六个雕塑分布地点不同，如果你想最快地找到所有的藏宝地，也许真的需要速速登录官网查一份攻略。

📍 Skudehavnsvej 25, 2100 København
☎ +45 26 36 42 63

小岛说：如果你喜欢木质的小动物，就会觉得六巨人很呆萌，如果你不喜欢，可能在你眼里那就是属于成人的黑色童话吧。

周日 14:28
Illums Bolighus：把北欧设计一网打尽

丹麦有没有买得起的好设计？在这个以设计著称的城市，带走的伴手礼一定是那些脑洞大开的装饰画，抑或是设计简洁的餐具。在注重家庭的北欧，家居用品是最好的礼物。大名鼎鼎的 HAY、Normann 等丹麦家居品牌在哥本哈根市中心都设有旗舰店，不过如果你想在一家百货商场一网打尽，那就一定要去位于市中心的 Illums Bolighus，这栋 4 层商场里面藏着各种可以让我们惊呼"WOW"的好作品，其中不乏普通旅行者可以买得起的仅需 100、200 丹麦克朗的好设计。

📍 Amagertorv 10, 1160 København

🕐 10:00—19:00
☎ +45 33 14 19 41

小岛说：Illums Bolighus 隔壁的大楼里是生活方式殿堂级杂志 Kinfolk 的总部。敲门就可以进入，如果运气好，你还能和他们的编辑聊几句。

作为当之无愧的自行车之城，哥本哈根有各种各样的骑法 图 / 文俊

周日 16:26
Wecycle Copenhagen：自行车与咖啡

哥本哈根是一座自行车之城，当地人推崇低碳健康的出行方式。北欧有浓厚的咖啡文化，街角到处都有令人赏心悦目的咖啡店。恰巧有那么一家店，把二者完美地融合在了一起。你在这里不仅可以品尝咖啡、短暂歇脚，还能租用一辆自行车游览周边街区，当然店主还会提供自己私藏的哥本哈根咖啡游览地图。

📍 Islands Brygge 21, 2300 København
☎ +45 75 18 18 55
🕐 周一—周日：08:00—21:00
💲 自行车租赁费用：半天，约人民币 80 元；
　　1 天，约人民币 150 元

小岛说：哥本哈根可能有世界上种类最多的自行车，有后面带着翻斗运载货物的，有带着座椅载小朋友的，还有双人、三人的……各种类型的自行车都在丹麦的街道上飞驰。

骑着自行车穿梭在哥本哈根老城中　图 / 文俊

周日 18:48
克里斯钦自由城：如果世上有乌托邦

世界上有没有真正意义上的乌托邦？对于哥本哈根人来说，克里斯钦自由城（Fristaden Christiania）就是丹麦嬉皮士为自己建造的一座乌托邦。自由城内的面貌和整洁的哥本哈根大为不同，这里艺术气息浓厚，经常举办各类演出活动，当今丹麦乐坛最炙手可热的歌手卢卡斯·格拉汉姆就来自自由城。他们对外宣布独立于欧盟之外，是一块"自治"之地，"混乱"有着它独特的魅力，它以一种意识形态自顾自地存在着，而且逐渐得到了世界各国嬉皮士的认可。在这里，自由意味着做自己，自由不是一句空话。

📍 Nordområdet 276, 1440 København

小岛说：如果你不知道晚餐吃什么，那就可以直接在自由城里的车库酒吧买杯啤酒，和当地人侃大山。在这里，你不仅可能遇到哥本哈根大学艺术系的学生，也可能会遇到哲学系的教授。

丹麦的街边涂鸦，自由大胆的丹麦人在墙壁上的画作　图 /Su_llivan

AC 贝拉天空万豪酒店

似乎每一个酒店集团到了哥本哈根都变得"不正经"起来。那些规矩的传统品牌也开始呈现出新的变化，AC 贝拉天空万豪酒店便是最好的例子。它作为北欧最大的酒店，由丹麦著名的设计事务所 3xn 设计。双斜塔式的建筑让人觉得就像住进了 *Wallpaper* 杂志中的样板间。

Center Blvd. 5, 2300 København

+45 32 47 30 00

小岛说： 万豪酒店每晚 800 多人民币的价格，让学生时代花 60 欧元住一晚青旅的我，情何以堪……

创意的 H 设计，让贝拉天空酒店成了机场和市区之间的一个奇特存在

伦敦塔桥，很少有人知道，塔桥的桥面可以
升起通过万吨巨轮，而且每天都会打开，具
体时间需要去官网查询 图 / 南冰

三天两夜的伦敦

高冷 or 温暖，这里是严肃的英国人

大本钟、大英博物馆，这是传统的伦敦；邦德街、舰队街，这是时尚的伦敦；泰晤士河、海德公园，这是一个充满生活气息的伦敦。闷骚高冷、外冷内热，这都是伦敦。伦敦是一个永远把 sorry 和 cheers 挂在嘴边的城市，平和而有距离，是比电影《帕丁顿熊 2》更温暖的英国。

英伦气质 + 高冷 + 艺术 + 时尚

小岛说：

对于我来说，英国是这个世界上除了故乡之外最像家的一个地方，22 岁时，我在此度过了一段不可复制的时光。点灯熬油在图书馆写论文看日出；坐火车去面试拿到了英国老板的录用通知书；在议会里面听上下议院吵架；第一次坐上著名的摩天轮，拍下伦敦的落日；和曾经的男朋友一起从大本钟走到塔桥……后来做了旅行编辑，我也一直很喜欢策划步行 & 骑行路线，因为真正的旅行，不仅在于风景，更在于身边的人。

时过境迁，回国、工作、做自媒体、开始创业、有了自己的品牌，我用两年半的时间，走了别人几年的路，每一次濒临崩溃的时候，我都会想起毕业典礼那天校长说的一句话："将来你会遇到无数困难，但是你们曾经在这里证明过自己的价值。"没有英国的这段经历就没有现在的我。伦敦，英国，一个像梦一样，永远回不去的存在。

FRIDAY
周五

周五 10:10
大本钟：世界上最著名的表

大本钟（Big Ben）颇负盛名，这座英国议会塔尖上的钟表抢占了整个国家的风头。议会是英国核心的政治机关，就是上议院和下议院的所在地，也是平时梅姨发表讲话的地方，保守党和工党"吵架"的地方，所有的辩论和首相问答游客都可以旁听。议会最美的室内建筑是威斯敏斯特厅，它始建于11世纪，是英国现存最伟大的中世纪木质结构建筑，几乎见证了英国的每一个时代。

📍 Westminster, London, SW1A 0AA
📱 +44 20 7219 4272

小岛说： 从大本钟到塔桥的路我走过太多次，最快只需要一个小时。有一次和一个毕业于圣马丁大学的英国人同路走，听他聊每一个巷子里发生的鬼故事，1666年那场大火，烧毁一万多间房子，官方说只死亡五人，真是鬼都不信。

大本钟和伦敦著名的地铁，有意思的是前文"小岛说"中提到的那个英国人也在这个角度给我拍过一张人像 图/白

周五 14:15
圣保罗大教堂耶稣提灯

沿着大本钟走到塔桥，一路会路过英国最核心的地标建筑——圣保罗大教堂。它是世界五大教堂之一，始建于1604年，是英国国教的中心教堂，被称为"古典主义建筑的纪念碑"，不过大家更熟悉的是1981年查尔斯王子和黛安娜王妃在此举行的世纪婚礼。

北耳堂里悬挂的霍尔曼·亨特的《世界之光》是这个教堂的一个亮点，画中耶稣提灯敲着一扇只能从里面打开的门。这幅画的意思是，只要人们敞开心扉，神就会进来。

📍 St Paul's Churchyard, EC4M 8AD
📱 +44 20 7236 4128
🕐 周一—周日：08:30—16:30

小岛说： 圣保罗教堂是小岛私藏的一个看伦敦夜景的地方，一边能看到CBD，一边能看到千禧桥，还能看到大本钟……传统与未来一线之隔。

周五 18:20
Barbecoa：教堂旁边的牛排店

从圣保罗教堂出来，周围就是一片觅食的好地方，高分推荐Barbecoa，透过窗子就可以望见教堂。当夜晚的蓝色灯光亮起，就是最美的伦敦景色。都说英国美食的实力担当是外国菜，这家意大利餐厅主打白巧克力芝士蛋糕和冰激凌，如果和旁边快餐店的炸鱼薯条相比，不知英国人自己会如何评价。

📍 20 New Change Passage London, EC4M 9AG
📱 +44 20 3005 8555
🕐 周一—周六：11:30—23:00

圣保罗教堂和千禧桥，玻璃幕墙映着几百年老教堂，新旧伦敦在此碰撞

周五 20:05
西区剧院的永恒经典

今天晚上看《歌剧魅影》还是《悲惨世界》？这已经成了英国资深文艺青年的两难选择。《悲惨世界》最好的演出地点是皇后歌剧院；《歌剧魅影》的选择则相对较多，首演当年选在了女王剧院。

小岛说： 如果你实在难以抉择，还可以去莎士比亚环球剧院，看经久不衰的哈姆雷特的纠结和罗密欧与朱丽叶的爱情。

女王剧院门口，一辆黑色的士正在等客。黑色的士和红色巴士一起，成为伦敦的特色　图 / 南冰

SATURDAY
周六

周六 10:30
在国家美术馆看尽世界艺术史

如果你喜欢文艺复兴之后的绘画，可能国家美术馆会让你放飞自我。这个特拉法加广场旁美术馆的成立应归功于乔治四世，里面藏有超过 2300 幅藏品，几乎涵盖了前现代时期的所有名家作品。在这里你可以看到凡·高的《向日葵》、达·芬奇的《岩间圣母》、委拉斯凯兹的《镜前的维纳斯》和莫奈的《睡莲》……而且悄悄说，国家美术馆的博物馆周边堪称世界最佳。

📍 Trafalgar Square,WC2N 5DN

📱 +44 20 7747 2885

🕐 周一—周日：10:00—18:00
　周五延长到 21:00

小岛说： 国家美术馆凭借凡·高和莫奈荣登我心中第二喜欢的博物馆之位（排名第一的是巴黎的奥赛博物馆）。而且《向日葵》也非常好找，就在左手边第一个展厅，对，就在人最多的那个地方。国家美术馆的周边在整个欧洲都赫赫有名，小岛现在用的雨伞是国家美术馆收藏的莫奈的《泰晤士》系列，雨天、伦敦、大本钟、莫奈，堪称完美！

在大英博物馆里拍照的学生　图 /Harry Zhang

周六 12:35
Rules: 规则的仪式感

英国人喜欢复古，喜欢一切过去的东西，比如伦敦最老的餐厅 Rules。这是一家 1798 年就开在考文特花园的餐馆，做传统的英国菜，延续着当年贵族打猎、吃野味的传统。有暗红的沙发、复古的装饰、绝对绅士的服务，一家店就这样默默地开了 200 多年。这里很"刻板"，牛排、鹿肉的做法这么多年都没有变化。

📍 34 Maiden Lane，WC2E 7LB
📞 +44 20 7836 5314
🕐 周一—周日：12:00—次日 00:00

小岛说：200 多年做菜的方式没有任何变化，这是尊重历史？或者说这是英国菜几百年没有进步的原因……

周六 15:40
The Ivy Gardens
下午茶，英国美食最大的王牌

英国人一直努力为英国菜辩护，却收效甚微。不料一个下午茶，却征服了全世界。比如，网红餐厅 The Ivy Gardens，一个环境非常优雅的咖啡馆，拥有美丽的露天花园，Jimmy Choo 曾经在此举办过走秀活动，而这里的"香槟配甜点"也是整个伦敦最受欢迎的甜品。

📍 King's Road 197, London SW3 5ED, England
📞 +44 20 3301 0300
🕐 周一—周六：08:00 — 23:00

小岛说：如果你对下午茶的地点不限制在伦敦，可以考虑坐火车去约克，英国第一家下午茶——Betty's，茶品 99 分，水果芝士蛋糕 100 分（这种事情小岛本人至少干过 3 次以上）。

周六 17:25
Portobello: 周末集市走一走

电影《诺丁山》一直是英国的半张名片，而另一半名片，则是诺丁山 Portobello 集市——英国二手古董市场。在那里，你可以看到老爷爷推着和自己年龄相仿的自行车贩卖各个时代的古董相机，小贩面前的摊位上摆着从伦敦周围乡村收集来的 CD 唱片，还有许多卖古董的小店出售说不出时代的银器、陶瓷。不过特别提醒，在这里买东西需要格外小心，一定要内行才敢出手。

📍 192A Portobello Rd, W11 1LA
🕐 周一—周六：09:00 — 19:00

小岛说：现在的诺丁山，遇到的更可能是小贩，而不是爱情。

周六 20:23
Ye Olde Cheshire Cheese:
一杯酒，400 年

喝酒，看球，赢了喝酒庆祝，输了借酒消愁——这就是英国男人下班后的主要生活。英国的酒吧很难做出特色，Ye Olde Cheshire Cheese 也无法打破这一规律，但是它够老。在 1538 年，就有一家店在此开业，1666 年伦敦大火后，Ye Olde Cheshire Cheese 新店重新开放。相比其他地方的灯红酒绿和震天音乐，这里更多了几分时间的痕迹。

📍 145 Fleet Street，EC4A 2BU
📞 +44 20 7353 6170

市场里试喝茶的游客　图 /Harry Zhang

伦敦红色巴士　图 /Harry Zhang

伦敦地铁诺丁山站　图/Harry Zhang

SUNDAY
周日

周日 10:50
格林尼治公园：英国人的日常

英国人的日常是怎样的？你周末来格林尼治公园看看便知。那里有一座刻着格林尼治零度子午线的铜牌，象征着"标准时间"，同时那里还是周末休闲的好场所，可以俯瞰泰晤士河对岸的金融城，看旁边的老海军学院、Queen's House……这里，是当地人眼中的伦敦，平和恬淡，岁月静好。

📍 SE10 8XJ
📱 +44 20 8293 1904

小岛说：公园是英国人放飞自我的地方，如果你觉得格林尼治公园太远，也可以考虑市中心的海德公园，不过一定要小心海德公园里的天鹅，那可是女王的私人财产（不对，整个英国的天鹅都是女王的私人财产，私自猎杀会入刑）。

周日 12:45
Story：米其林英国菜

英国菜可以被评上米其林绝对是罕见的事情，Restaurant Story 因为获此桂冠早已声望在外。Restaurant Story 主打英国创意菜，主厨会随着灵感的闪现而发明一些新式菜品，比如用洋葱圈搭配烤鸡丰富口感，用玉米粒给生蚝提香气。用主厨的话说，有真心实意的创意，提升英国菜的世界地位指日可待。

📍 199 Tooley Street, London SE1 2JX
📱 +44 20 7183 2117
🕐 周二—周六：12:00—14:30，18:30—21:30

小岛说：可能这个米其林，也是在英国范围内，相对评选出来的米其林吧！

周日 14:30
海格特公墓：最伟大的与最怀念的

周日下午的行程，我们安排在海格特公墓，这里埋葬着马克思、狄更斯、法拉第、乔治·艾略特等英国的国宝级人物。有人说，海格特公墓是英国的"先贤祠"。相比巴黎、罗马先贤祠的恢宏壮阔，海格特公墓恬淡且自然。马克思长眠在森林之中，墓碑上有他的大胡子头像。1883年马克思客死英国，3天后就被埋葬在这里，受人敬仰至今。英国人敬仰他不一定是因为他为无产阶级发声，而是他作为一个哲学家对人的权利的追求，以及他敢于设想、坚持求证的学术勇气。

📍 Swain's Ln Highgate, N6 6PJ
📱 +44 20 8340 1834

伦敦的黑色出租车，也是英国的符号之一，它的英文名是一个创造性的单词 cab，不是 taxi，尽管车身上也有 taxi 的标志

英国永远沉浸在一种古老的气质中，
比如图中的自然科学博物馆

伦敦街头走过议会大厦的学生 图/Harry Zhang

红色双层巴士 图 /Harry Zhang

伦敦摄政街圣诞灯光秀，点好灯光
后就进入了圣诞时间 图 /Yvonne

住在伦敦

伦敦帕克巷洲际酒店：女王的童年

从英国人钟爱复古这个角度来看，酒店也必须加入一些厚重感。位于皮卡迪利大街 145 号的帕克巷洲际酒店，曾是女王伊丽莎白二世童年时的住所，这栋房子也见证了英国的百年变化。该酒店开业于 1972 年，并于 2013 年翻新。如果你选择了该酒店，就一定不要错过一层的意大利餐厅，这里可以让身处英国的你，享受到极致美味。

One Hamilton Place, Park Ln, Mayfair, W1J 7QY

+44 20 7409 3131

2500 元人民币起

从伦敦眼上看大本钟和议会，不过现在去伦敦，看不到如此经典的场面，大本钟仍在维修

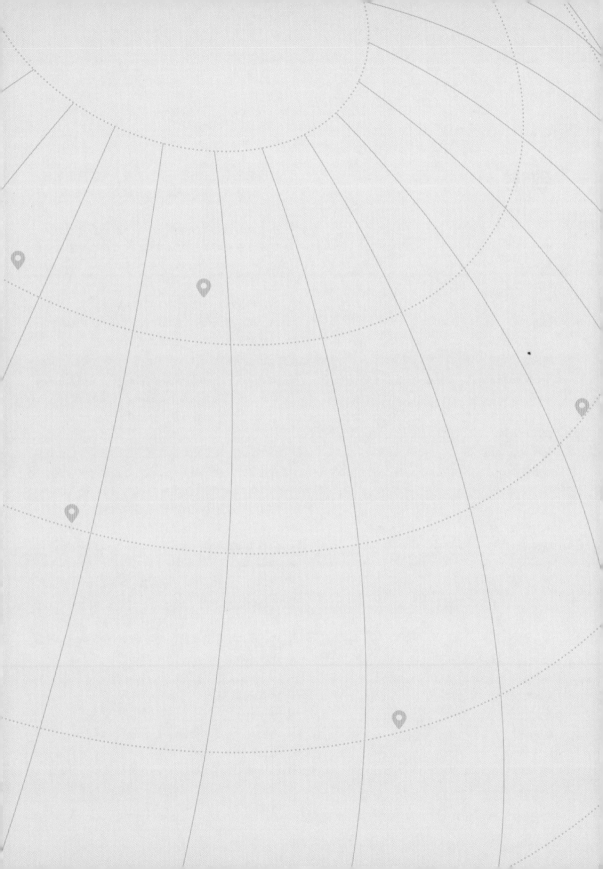

致谢

排名不分先后

个人

冯楚轩

孙赛赛

郝鑫

马修

滕佐

XFUN 吃货俱乐部（刘雨鑫 Jason、孙夏）

肖海生、肖扬

谷岳

背包客小鹏

北石同学

小小莎老师

孙晴悦

猫力

无二之旅　蔡韵

杨国伟

Roy&Sue

苹果姐姐

许黎明、张雨薇、王添

赵梦洁

Justgo 耿悦

Suiandtie 文逸 & 佳妍

卡大人

早餐女王

撸大包

敢姑娘

游旻 Skaey

刚行路上

Soliman Ma

栩栩华生——这里是小岛和浩睿曾经共事的地方，而《36 小时》杂志永远是时间轴旅行的里程碑。

马蜂窝编辑部全体编辑——这个靠谱有爱的集体，让我真正理解了什么是攻略，每天和一群志同道合的同事一起奋斗，是我职业生涯中最开心的时光。

《孤独星球》杂志全体编辑——感谢带我入行的前辈。我不是一个 LP 性格的人，但是 LP 的原则和严谨扎实的工作态度，已经融到了血液里。

《时尚旅游》编辑部全体编辑——"三天两夜指南"曾经以专栏的形式诞生在这里，感谢入职时前辈对于我这个小小灵感的肯定与培养。

Le Travel，这是一个让人感到温暖的家。它让我褪去浮躁，开始思考旅行业日常。小长假可以选择三天两夜，而年假请交给 Le Travel，非洲、拉美、中东、南极……世界上没有旅行者到不了的地方。

合作媒体

穷游网、QQ 浏览器、腾讯旅游、腾讯新闻、轻芒杂志、头条旅游、百家号、Airbnb、马蜂窝、mars、行走的咖啡地图、TreeP 旅行、Hive、星球好事者、星星说、半藏湖、小开的悠游午夜场、《留学》杂志、稀客地图 App。

合作阅读空间

松美术馆、昊美术馆、四方当代美术馆、央美术馆、言 YAN Coffee、春风习习杂志馆、篱苑书屋、Pageone、SKP Rendezvous、不在书店、旧物仓、杭州钟书阁书店、纸的时代书店、孤独图书馆、宙宙书院、厦门从聿书店、Stey。

感谢以下摄影师：
(以图片首次出现顺序排列)

○ 文俊
摄影师、设计师、插画师、
多喜北欧、1204 设计工作室
艺术指导。

○ 邬大卫
知名摄影博主、LOFTER 资
深摄影师。
微博：Alphastyle 粉红小象

○ cree
媒体从业者，随手拍照者。

○ Lucas_guooo
现在在日本留学，主攻风光
与城市摄影。
公众号：shikajima_ayato
Instagram：lucas_ guo

○ 普凡
搞创意的。
公众号：今天普通平凡么

○ Harry Zhang
墨尔本 ANTONE 摄影师。
微博：摄影师 Harry

○ 猹哥儿
一个什么都拍一点的摄影界
边缘人士。
微博：猹哥儿_
公众号：老鹿茶园

○ 白雪

○ 陈俊羽
充满正能量的猕猴桃。
微博：我的纹身究竟是玫瑰
花还是月季

○ 黄侃淳
自由旅行者 | 拖延症患者 | 纠
结的 AB 星人 | 萌宠爱好者
微博：上哪儿哪儿下雨
公众号：下老板的旅行毒鸡汤

○ Kris.z
热爱记录生活、分享灵感的
长腿小姐姐。
微博：Miss_krisTall

○ 飞向月球的小二哈
远方很远，步履不停。
微博：_飞向月球的小二哈_
Instagram：owlcity1124

○ Gabriella_Y

○ 佳妍
最认真的生活方式博主 。
公众号：suitandtie

○ 木木
立志成为最会拍照的程序员。

○ Niki
在广元的世界寻找微笑和希望。

○ 陶然非
中央美术学院在读研究生 。

○ 薇羽
独立摄影师，知名摄影平台合作讲师。
微博：微微轻羽
公众号：薇羽拾光

○ 珈 er
旅居伦敦，园艺 / 建筑设计师。
微博：珈 _er

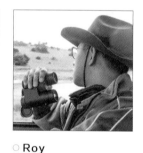

○ Roy
知名旅行玩家、微博旅行视频博主。
微博：黄元甫 Roy
公众号：Roy和Sue的奇妙旅行

○ Su_llivan
一只长毛波点大怪兽。
微博：Su_ llivan

○ Anna.Q
爱旅游的精分猪猪女孩。
微博：Anna 美程

○ 紫陌
在巴黎生活 6 年，走过 125 个国家，上百座城市。
公众号：巴黎私人笔记

○ 梅朵
微博：Himalaya—yappy

○ **不羁的查嘟**
从钢筋混凝土里跑出来的野
生小编。
微博、马蜂窝：不羁的查嘟
公众号：不羁的侣行路书

○ **达达**
携程签约摄影师、摄影博主。
微博：隐藏的达达

○ **荒诞小龙虾**
去过 50 个国家，最爱的还是
火锅。

○ **叶落满山**
爱旅行，爱拍照，爱读书，
因为坚信灵魂和身体总要有
一个在路上。
马蜂窝：叶落满山

○ **P.T.K**
旅居北京的 80 后台北大叔。
Instagram：pksansaku

○ **南冰**
一只旅游编辑狗，城市夜景
爱好者。
马蜂窝：南 Biangbiang

○ **Yvonne**
The tiger sniff the rose in my
heart.
公众号：野蛮时代诗人

○ **Kimi zhu**

《三天两夜指南》的初次修改和第二次修改中，很遗憾部分推荐内容成了城市
中永远的回忆，我们已经第一时间对这些去处进行了替换或者标注。但我们
仍无法判断未来我们所推荐的去处的命运，我们希望这些留存的我们发自内
心喜爱的去处，可以一直与大家同行，也提醒各位读者在出行前再次核实营
业信息。

浩睿 & 小岛